KiWi

Paperback

KiWi

748

Über das Buch:
Scott Ritter, Parteifreund von George W. Bush und nun sein schärfster Kritiker, war von 1991 bis 1998 UN-Waffeninspekteur im Irak. Im Gespräch mit William Rivers Pitt legt er dar: Die Begründungen, die die amerikanische Regierung für ihren Krieg gegen den Irak anführt, sind falsch. Es gibt keinerlei Beweise, dass der Irak über funktionstüchtige Atomwaffen oder biologische oder chemische Massenvernichtungswaffen verfügt, die eine Bedrohung für andere Länder darstellen. Ebenso kann eine Zusammenarbeit zwischen dem irakischen Präsidenten Saddam Hussein und der von Osama bin Laden geführten Terrororganisation Al-Kaida durch nichts belegt werden – in Wahrheit sind beide Todfeinde. Auch die Annahme, die Welt und der Nahe Osten seien sicherer nach einem »Regimewechsel« im Irak, ist auf Sand gebaut. Vielmehr birgt der US-amerikanische Angriffskrieg, der angeblich der Bekämpfung des Terrorismus dient, unvorhersehbare Risiken für den Weltfrieden: die Destabilisierung des gesamten Nahen Ostens und eine wachsende Bedrohung des Westens durch islamische Terroristen.
Scott Ritter hat selbst entscheidend daran mitgewirkt, dass das Waffenpotenzial im Irak von den Vereinten Nationen zu 90 bis 95 Prozent zerstört wurde. Warum die nach Abzug der UN-Inspekteure 1998 verbliebenen Reste nicht mehr funktionstüchtig sind und keine aktuelle Bedrohung darstellen, weist Ritter im Detail nach. Und er enthüllt, wie die USA 1998 die Waffeninspektionen im Irak manipuliert und zum Scheitern gebracht haben. Die wahren Gründe für den Krieg liegen woanders: Ritter und Pitt machen die Rechtsaußen in der US-Regierung um Donald Rumsfeld, Paul Wolfowitz und Richard Perle dafür verantwortlich, dass die Weltöffentlichkeit aus rein ideologischen und machtpolitischen Gründen belogen wird.

Über die Autoren:
William Rivers Pitt lebt und arbeitet als politischer Publizist in der Nähe von Boston.
Scott Ritter, UN-Waffeninspekteur im Irak von 1991 bis 1998, Mitglied der Republikanischen Partei in den USA, früherer Navy-Offizier, Teilnehmer des Golfkriegs von 1991, ist ein bekannter Gegner der amerikanischen Kriegspolitik gegenüber dem Irak.

William Rivers Pitt
mit Scott Ritter

Krieg gegen den Irak

Was die Bush-Regierung verschweigt

*Aus dem Englischen von Bernhard Jendricke,
Rita Seuß und Robert A. Weiß
(Kollektiv Druck-Reif)*

Kiepenheuer & Witsch

Aktuelle Informationen und Links: http://www.contextbooks.com/waroniraq

1. Auflage 2002

Aus dem Englischen von Bernhard Jendricke,
Rita Seuß und Robert A. Weiß (Kollektiv Druck-Reif)

Umschlaggestaltung: Barbara Thoben, Köln
Umschlagfoto: © dpa
Gesetzt aus der Bembo (Berthold) bei Kalle Giese, Overath
Druck und Bindearbeiten: Clausen & Bosse, Leck
ISBN 3-462-03211-9

Inhalt

»Wie wird die Welt regiert und in den Krieg geführt? Diplomaten belügen Journalisten und glauben es, wenn sie's lesen.«

Karl Kraus

Ein hübsches kleines Armageddon

> »Heute muss sich jeder Bewohner unseres Planeten vor Augen führen, dass dieser Planet eines Tages vielleicht nicht mehr bewohnbar sein wird. Jeder Mann, jede Frau und jedes Kind lebt unter einem nuklearen Damoklesschwert, das an einem hauchdünnen Faden hängt, der jeden Moment durch einen Unfall, durch falsche Berechnung oder durch Irrsinn durchschnitten werden könnte.«
>
> John F. Kennedy

Der Mythos vom Gordischen Knoten datiert auf die Zeit Alexanders des Großen, der zwischen 336 und 323 v. Chr. Kleinasien, Syrien, Ägypten, Babylonien und Persien eroberte. Der Legende zufolge hatte König Gordius von Phrygien einen Knoten geknüpft, der so kompliziert war, dass man ihn nicht entwirren konnte. Sollte es dennoch jemand vollbringen, dann, so erfuhr Alexander von einem Orakel, würde dieser Mensch der nächste Herrscher Asiens sein. Alexander zog sein Schwert, hieb den berühmten Knoten entzwei und löste so mit der Schneide seines Schwerts das Rätsel.

Heute sehen sich George W. Bush und seine Regierung mit einem anderen verworrenen Knoten konfrontiert. Er heißt Irak, und er ist nicht das Werk eines antiken Königs, sondern das Produkt des Jahrzehnte zurückreichenden Engagements der USA im Nahen Osten sowie der Herrscher aus jener Region – unter ihnen der Schah von Persien, Ayatollah Chomeini und natürlich Saddam Hussein. Amerikanische Präsidenten von Truman bis zu Nixon, Carter, Reagan, Clinton und zwei Männern namens Bush knüpften an diesem Knoten. Es ist ein Wirrwarr, in das der Kalte Krieg ebenso verwoben ist wie Öl, Blut und Macht.

Der Gordische Knoten wurde mit einem Schwert durchhauen. Wenn die Regierung Bush den Knoten namens Irak mit dem Schwert löst, wird sie keine Herrschaft erlangen, sondern nur Chaos ernten. In den derzeitigen Bestrebungen Bushs und seiner Leute liegt das Potenzial für einen Weltenbrand.

Bush und seine Regierung haben eine Menge politisches Kapital in den Krieg gegen den Irak und die Entmachtung Saddam Husseins investiert. Sich dieser Verpflichtung zu entziehen würde Bush teuer zu stehen kommen – folglich erscheint der Krieg unvermeidlich. Richard Perle, Vorsitzender der Kommission für Verteidigungspolitik und einer der Architekten dieses Kriegs, stellte unumwunden fest, dass Bush zur Wahrung seines politischen Rufs den Krieg gegen den Irak führen muss. In einer Stellungnahme in der *New York Times* im August 2002 meinte Perle: »Nach dem, was der Präsident gesagt hat, hätte die Weigerung, es mit Saddam aufzunehmen, für den Präsidenten einen solchen Vertrauensverlust zur Folge, dass es einen Rückschlag im Krieg gegen den Terror bedeuten würde.«

Glaubt man den Äußerungen Bushs und der Männer, die ihn zu diesem Krieg drängen – Verteidigungsminister Donald Rumsfeld, der stellvertretende Verteidigungsminister Paul Wolfowitz und Richard Perle –, dann ist dieses Vorhaben ein Kinderspiel. Man denke nur daran, wie leicht wir den Irak im ersten Golfkrieg besiegt haben. Die Vereinigten Staaten werden einen »Regimewechsel« im Irak herbeiführen und den Aufbau einer neuen Demokratie in jener Region in die Wege leiten. Zu diesem Zweck werden wir Saddam Hussein stürzen, einen Mann, der eindeutig und zweifellos über Massenvernichtungswaffen verfügt, die er gegen seine Nachbarn einsetzen wird, weil er es auch früher schon getan hat, und der seine fürchterlichen Waffen Osama bin Laden zur Verfügung stellt, damit dieser sie gegen Amerika einsetzen kann.

Ein glasklarer Fall, oder etwa nicht? Amerika lässt sich nur allzu bereitwillig auf diese verführerische Schwarzweißmalerei ein, besonders nach den Schrecken des 11. September. Die Vorstellung, dass sich chemische, biologische und atomare Waffen in den Händen eines Verrückten wie Saddam Hussein befinden, können nur wenige ohne äußerste Beunruhigung ertragen. Schon das leiseste Gerücht, wonach er möglicherweise Al-Kaida-Terroristen mit diesen Waffen unterstützt, genügt, um jedem vernünftig denkenden Amerikaner den Schlaf zu rauben. In den amerikanischen Medien ist Saddam – schon seit der erste Präsident Bush ihn mit Hitler verglichen hat – dermaßen zu einem Ungeheuer stilisiert worden, dass nach der öffentlichen Meinung alles dafür spricht, ihn unverzüglich auszuschalten.

Aber Tatsachen sind etwas Widerspenstiges, wie John Adams einmal sagte, als er erfolgreich mehrere britische Soldaten verteidigte, die wegen des »Boston-Massakers« im Jahr 1770 angeklagt worden waren. Wir mögen jemanden inständig hassen und ihn auch insgeheim fürchten, doch wenn die Fakten keine klare und präzise Grundlage für unsere Ängste und unseren Hass liefern, wenn sie nicht die Maßnahmen rechtfertigen, die wir gegen diesen Menschen ergreifen wollen, dann müssen wir anderswo nach den Ursachen für unsere Ängste suchen. Gleichzeitig gilt es, diese »widerspenstigen Tatsachen« zu berücksichtigen und zu erkennen, auf welche Weise sie – und nicht die Phrasen – die Realität unserer Welt bestimmen.

Die Beweise, die für einen Krieg gegen den Irak sprechen könnten, sind keineswegs eindeutig. Das ist eine Tatsache. Es ist zudem äußerst zweifelhaft, ob Saddam Hussein noch irgendeinen praktischen Nutzen aus den chemischen, nuklearen und biologischen Waffenprogrammen ziehen kann, nachdem die Waffeninspekteure der Vereinten Nationen, die sieben Jahre unermüdlich im Irak tätig waren, die Anlagen so gründlich zerstört haben. Auch das ist eine Tatsache. Die Behauptung, Saddam Hussein habe Verbindungen zu fundamentalistischen islamischen Terroristen, ist lächerlich – er ist ein säkularer Herrscher, der jahrelang darauf hingearbeitet hat, den fundamentalistischen Islam im Irak zu vernichten, und wenn er irgendwelchen Al-Kaida-Kämpfern Waffen geben würde, würden sie sie zuerst gegen ihn richten.

Die Allianz, die sich zum Golfkrieg zusammengefunden hatte, existiert heute nicht mehr, und in der internationalen Staatengemeinschaft lehnt die überwiegende Mehrheit einen weiteren Krieg gegen den Irak entschieden ab. Sollte sich Bush dennoch zu einem Waffengang entschließen, würde er gegen das Völkerrecht verstoßen. Wenn Bush den Irak angreift, schürt er genau jenen Konflikt zwischen den westlichen und den islamischen Kulturen, auf den Osama bin Laden gehofft hat, als seine Handlanger drei Flugzeuge ins World Trade Center und auf das Pentagon stürzen ließen. Ein Angriff auf den Irak könnte einen größeren, globalen Krieg auslösen, den sich die USA nicht leisten können und den die große Mehrheit der Amerikaner auch nicht will. Das ist der Stand der Dinge.

Dass Saddam Hussein eine der übelsten Gestalten der Weltgeschichte ist, steht außer Frage. Er regiert in bester Tyrannenmanier, mit Angst und Gewalt. Wenn er könnte, würde er sicherlich den Iran, Kuwait und Saudi-Arabien angreifen – ganz zu schweigen von Israel –, um seine Machtposition in der Region auszubauen. Aber da liegt der Hase im Pfeffer: Die Wirtschaftssanktionen haben seine konventionelle Rüstung untauglich gemacht, indem sie ihm den Nachschub an Ersatzteilen, die für jede motorisierte Armee essenziell sind, abgeschnitten haben. Die Inspekteure der UNSCOM (UN-Abrüstungskommission für den Irak) haben sämtliche Anlagen zur Herstellung von Massenvernichtungswaffen gründlich zerstört. Und zu den Terroristen, die Amerika am 11. September heimgesucht haben, hat er keine wie auch immer gearteten Beziehungen. Saddam Hussein ist nicht imstande, seinen Bedürfnissen – den realen wie den eingebildeten – gemäß zu handeln. Es fehlt ihm schlicht an Material.

Ausgehend von den Fakten, die uns vorliegen, müssen wir ein verblüffendes Fazit ziehen: Saddam Hussein ist ein Ungeheuer im wahrsten Sinn des Wortes, aber er ist von uns dazu gemacht worden. Er ist ebenso ein amerikanisches Produkt wie Coca-Cola oder ein Oldsmobile. In seinem Krieg gegen den Iran ist sein Regime von unserer Regierung unterstützt worden, in einem Krieg, bei dem er chemische Waffen auf dem Schlachtfeld eingesetzt hat, und zwar mit unserem Wissen, mit unseren Waffen, unserem Geld und unserem militärischen Know-how. Die Vereinigten Staaten haben ihn im Golfkrieg nicht entmachtet, sie haben sogar die Bemühungen irakischer Aufständischer vereitelt, die sich von unserer Rhetorik zum Handeln verleiten ließen und Saddam zu stürzen versuchten.

Wir müssen die kulturelle Dynamik im Irak als das sehen, was sie ist. All das Gerede der Regierung Bush vom »Regimewechsel« und von einer Demokratie im Irak verkennt die Realitäten vor Ort. Eine Demokratie nach westlichem Vorbild, also eine Herrschaft der Mehrheit, steht im Widerspruch zu unseren nationalen Interessen. Die Mehrheit im Irak, die Schiiten, fühlt sich in ideologischer und religiöser Hinsicht dem Iran eng verbunden. Käme diese Bevölkerungsgruppe im Irak an die Macht, würde sie eine von fundamentalistischer Ideologie geprägte Allianz mit dem Iran schmieden, und das ausgerechnet in einer Region, die reich an strategisch wichtigem Öl ist. Wir können auch nicht zulassen, dass die Kurden mit ihrem Bevölkerungsanteil von 23 Prozent an die Macht gelangen. Die angrenzende Türkei, die die Kurden bekämpft hat, würde das nicht hinnehmen. Die restlichen 17 Prozent der Bevölkerung sind Sunniten, und zu ihnen gehört auch Saddam Hussein. Heute regieren die sunnitischen Stämme den Irak, und bei einem Regimewechsel würde der neue Führer aus dieser Gruppe hervorgehen. Aufgrund der gnadenlosen Dynamik des sunnitischen Stammessystems im Irak wäre gewährleistet, dass der neue Anführer aus dieser Volksgruppe ebenso brutal wie Saddam oder sogar noch brutaler herrschen würde.

Wir haben mitgeholfen, dieses Ungeheuer zu erschaffen, und jetzt haben wir es am Hals. Ein Krieg gegen den Irak würde im Nahen Osten einen Flächenbrand von so verheerenden Dimensionen auslösen, dass der Krieg gegen den Terror außer Kontrolle geriete. Weitere Terroranschläge gegen die USA wären vorprogrammiert. Für diesen Krieg bekämen wir weder die Zustimmung der Vereinten Nationen noch der internationalen Staatengemeinschaft, und unser Alleingang würde uns weltweit in Misskredit bringen. Selbst wenn es uns gelänge, Saddam Hussein auszuschalten, ohne dass die ganze Region aus den Fugen gerät, wäre sein Nachfolger um keinen Deut besser.

Die einzige Lösung erfordert Zeit und Geduld und hätte für George W. Bush einen gewissen Verlust an politischem Kapital zur Folge. Ein kultureller Wandel im Irak wird Jahrzehnte dauern, und wenn die Menschen in Armut leben, wird er überhaupt nicht stattfinden.

Deshalb müssen wir die Sanktionen gegen den Irak aufheben und ihm gestatten, wieder eine Nation der Ersten Welt zu werden, wie sie es auch vor Saddams desaströsen Angriffen auf den Iran und Kuwait war. Im Gegenzug für diesen Großmut, der für die Zivilbevölkerung ein wahrer Segen wäre, muss Saddam Hussein ohne Vorbedingungen die Rückkehr der UN-Waffeninspekteure akzeptieren. Dadurch wird sichergestellt, dass Hussein keine Technologien entwickeln kann, die eine Bedrohung für die Region oder die USA darstellen. Wenn der Lebensstandard für die irakische Zivilbevölkerung steigt und sich eine eigenständige Mittelschicht herausbildet, werden die kulturellen und ökonomischen Diskrepanzen, wie sie für den Irak charakteristisch sind, allmählich verschwinden. Und Saddam Hussein wird an Macht verlieren.

Die Alternative dazu wäre ein verheerender Krieg mit Zehntausenden von zivilen Opfern und Hunderten oder Tausenden von amerikanischen Gefallenen, die Verurteilung durch die internationale Staatengemeinschaft, ein todbringender Zornesausbruch in der muslimischen Welt und ein neuer irakischer Herrscher, der gegenüber dem jetzigen keinerlei Verbesserung bedeutet.

Dieses Buch wurde in der Absicht geschrieben, eine Zusammenfassung der »widerspenstigen Tatsachen« zu liefern, die bei diesem dubiosen Krieg gegen den Irak eine Rolle spielen, und einen Blick auf die lange gemeinsame Geschichte zwischen dieser und der amerikanischen Nation zu werfen. Den Hauptteil dieses Buches bildet ein Interview mit W. Scott Ritter, der sich wie kaum ein anderer mit der Geschichte, der Politik und dem Rüstungspotenzial des Irak auskennt. Sieben Jahre arbeitete Ritter als Waffeninspekteur im Irak mit dem Auftrag, Saddams Pläne zur Herstellung von Massenvernichtungswaffen zu vereiteln.

Von 1988 bis 1990 führte Ritter Rüstungskontrollinspektionen in der ehemaligen Sowjetunion durch und erwarb sich den Ruf eines hervorragenden Nachrichtenoffiziers wie auch eines effizienten Waffeninspekteurs. Im August 1990, nach dem irakischen Überfall auf Kuwait, wurde Ritter vom Befehlshaber des Marineinfanteriekorps einer speziellen Planungsabteilung zugewiesen, die sich schwerpunktmäßig mit den Optionen für Kampfeinsätze der »Marines« im Irak befasste. Im Dezember desselben Jahres wurde er nach Saudi-Arabien geschickt und als Nachrichtenoffizier General Norman Schwarzkopfs Truppe zugeteilt, zuständig für das Aufspüren von Scud-Raketen. Gegen Ende des Golfkriegs arbeitete er mit verschiedenen Spezialeinheiten daran, einen Beschuss Israels durch irakische Raketen zu verhindern. Im Juni 1991 verließ er das Marineinfanteriekorps in der festen Absicht, sich eine neue Tätigkeit in der Privatwirtschaft zu suchen.

Doch das Schicksal hatte etwas anderes mit ihm vor. 1991 setzte sich Armeeoberst Doug Englund, einer von Ritters ehemaligen Vorgesetzten aus seiner Zeit als Waffeninspekteur in der Sowjetunion, mit ihm in Verbindung. Unter Verweis auf seine Fachkenntnis bei

Rüstungskontrollen und Waffeninspektionen lud England Ritter ein, bei UNSCOM mitzuarbeiten. Diese Sonderkommission der Vereinten Nationen wurde gemäß der im April 1991 vom Sicherheitsrat verabschiedeten Resolution 687 ermächtigt, dafür zu sorgen, dass sämtliche Anlagen zur Entwicklung und Herstellung von Massenvernichtungswaffen im Irak zerstört wurden. Letztlich verbrachte Scott Ritter sieben Jahre damit, im Irak Massenvernichtungswaffen sowie Produktionsstätten, Ausrüstungen und Trägersysteme ausfindig zu machen und zu vernichten.

Ritters Zeit bei UNSCOM ging 1998 mit einem Eklat zu Ende; davon wird in meinem Interview mit ihm ausführlich die Rede sein. Auf Versammlungen, im Fernsehen und im Rundfunk protestierte er vehement gegen die Haltung der Regierung Bush gegenüber dem Irak. Dafür wurde er als Verräter und als Agent des Irak diffamiert.

Scott Ritter ist ein Patriot, der seinem Land höchst bemerkenswerte Dienste erwiesen hat. Er ist Mitglied der republikanischen Partei und hat bei der Präsidentschaftswahl 2000 für Bush gestimmt. Die Situation im Irak kennt er weitaus besser als all jene in Washington, die jetzt auf einen Krieg drängen, denn er hat sich selbst ein Bild von der Lage machen können. Er kennt das Rüstungspotenzial Saddam Husseins und ist der Ansicht, dass die von der Regierung Bush angeführten Argumente einen Krieg nicht rechtfertigen. Scott Ritter lässt sich nichts vormachen. Er ist mit der Sache bestens vertraut. Die »widerspenstigen Tatsachen«, auf denen seine

Erfahrung beruht, sollten für uns alle eine Pflichtlektüre sein, ehe wir uns auf etwas einlassen, was ziemlich sicher in eine Katastrophe münden wird.
Entscheiden Sie selbst.

Der Irak im 20. Jahrhundert: ein historischer Abriss

»Ich habe die Landkarte Arabiens gesehen.
Sie gleicht einer Stute, die vorwärts trottet,
ihre Geschichte wie Satteltaschen mit sich schleppend,
auf das Grab und den Abgrund der Hölle zu.«

Ali Ahmed Said, syrischer Dichter

Der Irak ist eine Industrienation mit mehr als 20 Millionen Einwohnern. Er grenzt im Norden an die Türkei und Syrien, im Westen an Jordanien, im Süden liegen Saudi-Arabien und Kuwait, im Osten der Iran. Der Irak ist beinahe vollständig von Land umgeben; sein einziger Zugang zum Persischen Golf befindet sich im Gebiet um Umm Qasr. Dreihundert Kilometer westlich der irakischen Grenze liegen Israel, der Libanon und das Mittelmeer.

Was die Geschichte des Irak im 20. Jahrhundert bestimmte, waren die Auswirkungen des westlichen Kolonialismus, US-Interventionen, gefährliche Potentaten, der Kalte Krieg und das Öl. Der Irak verfügt über die zweitgrößten bekannten Ölvorkommen der Welt, was bei den westlichen Industrienationen Begehrlichkeiten weckte.

1917 rückten britische Truppen in Mesopotamien ein, besetzten den Irak und erklärten ihn zum britischen Mandatsgebiet. Aufstände gegen die Briten im Irak wurden durch systematische Bombenangriffe aus der Luft niedergeschlagen; es war das erste Mal in der Geschichte, dass eine solche Taktik angewendet wurde, und es sollte nicht das letzte Mal sein. Die heutigen Landesgrenzen des Irak wurden, ebenso wie die der meisten anderen Staaten im Nahen Osten, Anfang des Jahrhunderts willkürlich von Briten und Franzosen festgelegt. Die Männer, die das Territorium in dieser Weise aufteilten, wussten nichts von den Stammesverbindungen, die das kulturelle Wesen des Nahen Ostens ausmachen, und es interessierte sie auch nicht sonderlich.

1921 zog das britische Kolonialministerium einen neuen Strich durch den Sand und errichtete eine weitere Grenze im südlichen Irak, um den Staat Kuwait ins Leben zu rufen. Damit sollte dem Irak der Zugang zum Persischen Golf abgeschnitten werden. Als Saddam Hussein siebzig Jahre später in Kuwait einmarschierte, behauptete er, der Kleinstaat habe schon von jeher zum Irak gehört. Zieht man die britische Vorliebe in Betracht, die Landkarten der Region immer wieder neu zu zeichnen, scheint sein Anspruch in gewisser Weise gerechtfertigt zu sein, wenn auch nicht seine damit verbundenen Aktionen.

1932 wurde der Irak als souveräner Staat anerkannt und trat dem Völkerbund bei. Die Institution des Königs, eine Erfindung der Briten, blieb allerdings erhalten. Und hier begann das eigentliche Chaos, das den modernen Irak prägen sollte.

In den Jahren unmittelbar nach Ende des Zweiten Weltkriegs fingen die wieder erstarkten Vereinigten Staaten an, mit kühler Nüchternheit auszuloten, wo ihre eige-

nen Interessen lagen. Die amerikanische Nahostpolitik, die einen gewaltigen Einfluss auf die jüngere Geschichte der Region ausgeübt hat und als solche noch heute existiert, lässt sich mit den Worten George Kennans, des berühmten Vordenkers des US-Außenministeriums, auf den Punkt bringen. Er sagte 1948: »Die USA besitzen etwa 50 Prozent des Reichtums der Welt, machen aber nur 6,3 Prozent der Weltbevölkerung aus. In dieser Situation werden wir zwangsläufig mit Neid und Unmut konfrontiert werden. Unsere eigentliche Aufgabe in der vor uns liegenden Epoche ist es, ein Schema von Beziehungen zu entwickeln, das es uns ermöglicht, diese Position der Ungleichheit zu erhalten, ohne dass unsere nationale Sicherheit ernstlich gefährdet wird. Zu diesem Zweck müssen wir Schluss machen mit all den Sentimentalitäten und Tagträumereien, unser Augenmerk muss immer und überall auf unsere unmittelbaren nationalen Ziele gerichtet sein. Wir dürfen nicht der Täuschung erliegen, dass wir uns den Luxus von Altruismus und weltweiter Wohltätigkeit leisten können. Wir sollten aufhören, von so vagen und unrealistischen Zielen wie Menschenrechten, Anhebung von Lebensstandards und Demokratisierung zu reden. Der Tag ist nicht mehr fern, an dem unser Handeln von nüchternem Machtdenken geleitet sein muss. Je weniger wir dann von idealistischen Parolen behindert werden, desto besser.«
Diese mitleidlose Festlegung der US-amerikanischen Prioritäten fand 1951 ihre praktische Anwendung, als Mohammed Mossadegh im Iran, dem Nachbarland des Irak, die Macht übernahm und erklärte, der Iran würde

über seine Ölressourcen allein bestimmen. Binnen zwei Jahren wurde Mossadegh abgesetzt und der Schah von Persien inthronisiert, was zu einem großen Teil der CIA zu verdanken war, die die Putschistenführer unterstützte. Bei seiner Amtseinführung erhielt der Schah Schützenhilfe von General Norman Schwarzkopf senior, dem Vater des berühmten amerikanischen Golfkriegsgenerals, der die Furcht und Schrecken verbreitende Geheimpolizei SAVAK gründete. Der Schah wurde zu einer von US-Interessen gelenkten Marionette, und unter seiner Herrschaft begann ein langer Leidensweg für das iranische Volk.

Auf der anderen Seite der Grenze, im Irak, befand sich ein Mann namens Saddam Hussein am Anfang eines langen, blutigen Wegs zur Macht. Der 1937 geborene Hussein trat 1956 in die sozialistische Baath-Partei ein. 1958 wurde der von den Briten eingesetzte König des Irak in einem von Abd al-Quassim angeführten Volksaufstand gestürzt. Im Jahr darauf war Saddam an einem Putsch gegen Quassim beteiligt, der dabei verletzt wurde. Doch der Putsch misslang, Saddam bekam eine Kugel ins Bein, musste aus dem Land fliehen und gelangte über Syrien nach Ägypten.

Die Jahre von 1963 bis 1968 waren für den Irak eine Zeit der Wirren. Bei einem weiteren von der CIA unterstützten Staatsstreich wurde Quassim gestürzt, und die Baath-Partei konnte kurzzeitig die Macht im Land an sich reißen. 1968 übernahm Saddam Hussein eine führende Rolle bei einem weiteren Putsch, der General Ahmed Hassan Bakr zum Herrscher des Irak machte.

Die Baath-Partei übernahm endgültig die Macht, und Saddam Hussein wurde zum Vizepräsidenten ernannt. In dieser mächtigen Position schuf er ein weit verzweigtes Geheimdienstnetz mit dem Ziel, alle Dissidenten ausfindig zu machen und zu vernichten.
General Bakr verstaatlichte 1972 das irakische Öl. Sofort setzte Nixon alles daran, diese Entscheidung rückgängig zu machen, wie es die Amerikaner auch 1951 getan hatten, als der Iran sein Öl unter staatliche Aufsicht stellte. Zusammen mit dem Schah organisierte Nixon die Bewaffnung der irakischen Kurden gegen Bakr. Zugleich setzten die Amerikaner den Irak auf ihre Liste der Staaten, die den Terrorismus unterstützen.
Diese Vorgehensweise fand ein abruptes Ende, als der damalige Vizepräsident Saddam Hussein mit dem Schah ein Abkommen schloss, wonach der strategisch wichtige Schifffahrtsweg Schatt al-Arab im Persischen Golf der Kontrolle des Iran unterstellt wurde. Rückblickend betrachtet war dies der entscheidende Grund für die amerikanische Propaganda gegen den Irak. Denn sofort nachdem der amerikahörige Schah die Kontrolle über diesen Zugang zum Golf übernommen hatte, stellten die USA ihre Unterstützung der Kurden wieder ein. In einer Stellungnahme dazu meinte Henry Kissinger: »Verdeckte Operationen sollte man nicht mit Missionsarbeit verwechseln.« Unter Nixon rüsteten die Vereinigten Staaten den Iran dramatisch auf.
Der zwischen dem Iran und dem Irak aufflammende Konflikt ist nur im Zusammenhang mit den Gegebenheiten des Kalten Kriegs zu begreifen. Die Vereinigten

Staaten befürchteten einen zunehmenden Einfluss der Sowjetunion in diesem Teil der Welt, zumal es dort ja riesige, strategisch bedeutsame Erdölvorkommen gab. Da der Schah völlig von den USA abhängig war und der Iran den Schatt al-Arab kontrollierte, bestand für die amerikanischen Interessen in der Region keine Gefahr. Aus nicht mehr der Geheimhaltungspflicht unterliegenden Dokumenten des National Security Archive (siehe Quellennachweis) geht unmissverständlich hervor, dass das Verhalten der USA in dieser Region von der Angst vor sowjetischer Einflussnahme bestimmt wurde.

1979 war das Jahr, das alles in der Region veränderte. Im Iran führte ein Volksaufstand, der von Nationalismus, antiamerikanischen Ressentiments und fundamentalistischer islamischer Propaganda angeheizt wurde, zum Sturz des Schahs. Mit der Machtübernahme durch den Ayatollah Chomeini begann eine Jahrzehnte währende Periode der Spannungen und Streitigkeiten mit den USA. Während des Staatsstreichs stürmten Aufständische die amerikanische Botschaft im Iran und nahmen die darin befindlichen amerikanischen Diplomaten als Geiseln. 440 Tage lang wurden sie gefangen gehalten und in Fesseln und mit Augenbinden gefilmt, um der ganzen Welt das gedemütigte Amerika vorzuführen. Die Geiselkrise sorgte für beständige Feindseligkeit zwischen dem Iran und Amerika und trug wesentlich dazu bei, dass Präsident Carter bei der Wahl 1980 seinem Herausforderer Ronald Reagan unterlag.

Beinahe gleichzeitig entmachtete Saddam Hussein General Bakr und setzte sich unangefochten an die Spitze des irakischen Staates. Sein allumfassender Einfluss auf die Baath-Partei wurde an einem einzigen blutigen Tag zementiert. Saddam ließ sämtliche führenden Köpfe der Partei in einem Raum zusammenkommen. In entsetztem Schweigen saßen die Männer da, während Saddam die Namen all seiner innerparteilichen Rivalen verlas. Die Genannten wurden von Geheimdienstleuten, die auf Saddams Seite standen, hinausgeführt und erschossen. Von da an unternahm kaum noch jemand einen Versuch, sich gegen seine Herrschaft aufzulehnen.

In der Folge dieses Umbruchs forderte Zbignew Brzezinski, Mitglied des Nationalen Sicherheitsrates der Vereinigten Staaten, den Irak in aller Öffentlichkeit auf, den Iran anzugreifen und sich den Schatt al-Arab zurückzuholen. Mit dem Ayatollah als Herrscher im Iran gewann die Sowjetunion dort erheblich an Einfluss. Die 1980 aufgestellte »Carter-Doktrin« besagte, dass die Vereinigten Staaten in der Region militärisch eingreifen würden, um sich den Zugriff auf das Öl zu sichern. Im selben Jahr ließ Saddam Hussein seine Armeen in den Iran einmarschieren, was zu einem verheerenden, acht Jahre dauernden Krieg führte. Die Gründe für diese Invasion lagen gleichermaßen im Drängen der Amerikaner wie in Saddams Abneigung gegen den islamischen Fundamentalismus und seinen Gelüsten nach iranischem Öl.

Mit Ronald Reagans Präsidentschaft kam es zu wesentlichen Veränderungen in den Beziehungen zwischen Amerika und dem Irak. Aus Angst vor einem wachsenden Einfluss der Sowjetunion im Iran und einer iranischen Vormachtstellung in der Region begann die Regierung Reagan, den Irak planmäßig aufzurüsten und aktiv zu unterstützen. 1982 wurde der Irak von der Liste der Länder, die Terroristen finanzieren, gestrichen. 1984 nahmen die USA wieder volle diplomatische Beziehungen zum Irak auf und begannen mit ihm militärisch und nachrichtendienstlich zu kooperieren. Dazu gehörten die Ausrüstung der irakischen Streitkräfte mit schweren Waffen, die Bereitstellung von Satellitenbildern über iranische Truppenstationierungen, taktische Planungen zur Kampfführung, Unterstützung durch Luftangriffe und Schadensevaluierungen nach Bombardements.

In der Ära Reagan wurde die Saat für unsere heutige Krise gesät. Das amerikanische Engagement war äußerst undurchsichtig, moralisch zwiespältig und janusköpfig. Es verstieß in mehrfacher Hinsicht ganz offenkundig gegen geltendes Recht. Die amerikanischen Ängste vor einem mächtigen Iran leisteten einer Politik Vorschub, die die vom Irak begangenen Gräueltaten ignorierte. Aufgrund der amerikanischen Interessen in der übrigen Welt sah sich die Regierung Reagan veranlasst, den Iran illegal mit Waffen zu versorgen, und das zur gleichen Zeit, in der sie den Irak in seinem Krieg unterstützte.

Im August 2002 veröffentlichte die *New York Times* einen Bericht mit ausführlichen Stellungnahmen hochrangiger Armeeangehöriger, die während Reagans Amtsperiode mit Aufgaben zur Unterstützung des Irak betraut waren. Diese Offiziere behaupten, die Regierung Reagan sei sich durchaus darüber im Klaren gewesen, dass Saddam Hussein Chemiewaffen gegen den Iran einsetzte, habe ihn aber trotzdem weiter unterstützt. Präsident Reagan, Vizepräsident Bush und mehrere hohe Sicherheitsberater hätten das verdeckte Programm, das US-Militärhilfe für den Irak vorsah, befürwortet, selbst als sie Kenntnis davon erhielten, dass der Irak auf dem Schlachtfeld chemische Waffen verwendete.

Anfang 1988 konnte die irakische Armee mit geheimdienstlicher Unterstützung der USA die Halbinsel Fao zurückerobern und besaß somit wieder Zugang zum Persischen Golf. Als Nachrichtenoffiziere das Schlachtfeld inspizierten, stießen sie auf Gebiete, die wegen chemischer Kontamination abgesperrt waren. Überall lagen Behälter mit dem Medikament Atropin verstreut, mit dem sich irakische Soldaten offenbar vor den eigenen chemischen Kampfstoffen zu schützen gesucht hatten. Ebenfalls im Jahr 1988 wurde berichtet, Saddam Hussein habe in Chalabdscha Giftgas gegen die Kurden eingesetzt, ein Vorgehen, das von Seiten der US-Regierung heftig verurteilt wurde. Obwohl dieselben Amtsträger wussten, dass Saddam seinen Krieg gegen den Iran mit Chemiewaffen geführt hatte, hatten sie ihn weiterhin unterstützt. Dass er chemische Waffen auf dem Schlachtfeld und angeblich auch gegen die Kurden eingesetzt hat, ist eines der Hauptargumente für die heutige Forderung von George W. Bush, Saddam Hussein anzugreifen und zu beseitigen.

Inmitten dieser Auseinandersetzung begann die Regierung Reagan, heimlich mit dem Iran zu verhandeln, um die Freilassung mehrerer Geiseln, die der Ayatollah noch immer in Gefangenschaft hielt, zu arrangieren. Dafür wurden dem Iran Waffen verkauft, unter anderem 1000 TOW-Raketen; den Erlös aus diesem Geschäft stellte man den Contras in Nicaragua zur Verfügung, um den Widerstand gegen das dortige sozialistische Regime zu finanzieren, das der Reagan-Regierung ein Dorn im Auge war. Dem Kongress war ausdrücklich untersagt, in irgendeiner Weise zu Gunsten der Contras einzugreifen. Als die Iran-Contra-Affäre ans Licht kam, hätte sie Reagan beinahe die Präsidentschaft gekostet. Eine ausführliche Analyse des Sachverhalts kann man in dem hervorragenden Buch von Theodore Draper, »A Very Thin Line«, nachlesen.

Mit der Unterzeichnung des Waffenstillstandsabkommens im Jahr 1988 ging der irakisch-iranische Krieg zu Ende, der die irakische Wirtschaft zum Erliegen gebracht hatte. Saddam Hussein kündigte ein 40-Milliarden-Dollar-Programm zum friedlichen Wiederaufbau des Landes an. Dies erwies sich jedoch als nicht realisierbar; die anderen Golfstaaten hatten ihr Öl zu Schleuderpreisen auf den Weltmarkt geworfen, was einen drastischen Preisverfall beim Rohöl zur Folge hatte. So sah sich Saddam mit erdrückenden Schulden konfrontiert, unterhielt zugleich aber die größte Armee in der Region. Aus Sorge, ihr jahrelanger Verbündeter könnte sich jetzt gegen seine Nachbarn wenden, überarbeiteten die Vereinigten Staaten 1989 ihren »Kriegsplan 1002«. Dieser diente ursprünglich dazu, einer sowjetischen Bedrohung entgegenzuwirken, nun wurde daraus der

»Kriegsplan 1002-90«, demzufolge nunmehr der Irak die größte Gefahr in der Region darstellte. 1990 warnten die USA Bagdad davor, seine Nachbarn zu provozieren; Amerikas vorrangige Sorge galt dabei einem möglichen Angriff auf Israel.

Doch die Warnungen verhallten ungehört. Im Mai 1990 warf Saddam Hussein den anderen Golfstaaten vor, einen Wirtschaftskrieg gegen den Irak zu führen. Die Schulden, die Saddam in seinem Krieg gegen den Iran angehäuft hatte, waren für sein Land existenzbedrohend geworden, und so ließ er sich zu Verzweiflungstaten hinreißen. Er warf Kuwait vor, auf die Zerstörung der irakischen Wirtschaft hinzuarbeiten, denn Kuwait fördere durch Schrägbohrungen Öl aus irakischem Territorium. Außerdem, so Saddam, sei Kuwait in Wirklichkeit eine Provinz des Irak und kein eigenständiger Staat. An der Grenze zu Kuwait wurden irakische Truppen zusammengezogen, und am 2. August 1990 marschierten Saddam Husseins Armeen in Kuwait ein, was das Gleichgewicht der Ölförderländer in der Region drastisch verschob und Amerikas Zugang zum Öl bedrohte.

Am 3. August 1990 verabschiedeten die Vereinten Nationen die Resolution 660, in der der irakische Überfall auf Kuwait verurteilt wurde. Am 6. August folgte die UN-Resolution 661, mit der Wirtschaftssanktionen gegen den Irak verhängt wurden, um ihn zum Rückzug aus Kuwait zu zwingen. Dies hatte verheerende Auswirkungen. Der Irak, der 70 Prozent seiner Nahrungsmittel importierte, sah sich ab September 1990 genötigt, Lebensmittel zu rationieren. Im Dezember stieg die Rate der Säuglingssterblichkeit im Irak auf das Doppelte an. Saddam weigerte sich weiterhin, aus Kuwait abzuziehen.

Bis November 1990 wurden rund 400 000 Mann der von US-Präsident George Herbert Walker Bush gebildeten internationalen Allianz in die Region verlegt. In der Mehrzahl wurden diese Truppen in Saudi-Arabien stationiert, der Heimat der heiligen islamischen Stätten Mekka und Medina. Die Ankunft dieser Streitkräfte in Saudi-Arabien erzürnte einen wohlhabenden Saudi namens Osama bin Laden, der sich durch seinen Kampf gegen die sowjetischen Invasoren in Afghanistan ein gewisses Ansehen erworben hatte. Während sich Amerika rüstete, gegen die eine Gefahr vorzugehen, schuf sie eine andere.

Am 9. Januar 1991 drohten die Vereinigten Staaten dem Irak mit der Vernichtung, falls er nicht aus Kuwait abzog. Drei Tage später billigte der Kongress einen Militärschlag gegen den Irak. Und fünf Tage später begann die internationale Allianz einen irrwitzigen, tödlichen Luftkrieg. Zweiundvierzig Tage lang griffen Bomber und Tiefflieger an, pro Tag wurden 2000 Kampfeinsätze gegen die irakischen Truppen und ihre Luftwaffe geflogen. Nach einem Monat zermürbender Attacken forderte Bush das irakische Volk auf, sich gegen Saddam Hussein zu erheben, den Bush öffentlich mit Adolf Hitler verglich. Doch es kam zu keinem derartigen Volksaufstand.

Am 23. Februar begann der Bodenangriff gegen den Irak. Die irakischen Truppen, durch das Luftbombardement bereits weitgehend aufgerieben, leisteten kaum noch Widerstand, und binnen drei Tagen erklärte der Irak seinen Rückzug aus Kuwait. Am 28. Februar einigten sich der Irak und die Vereinigten Staaten auf einen Waffenstillstand. Der Golfkrieg war zu Ende.

Die Kampfhandlungen jedoch noch nicht. Am 2. März 1991 wurden Tausende irakischer Soldaten von der 24. US-Infanteriedivision getötet. Saddam Hussein blieb weiterhin an der Macht. Die Aufstände, zu denen die USA aufgerufen hatten, verliefen erfolglos. General Norman Schwarzkopf, der Oberkommandierende der alliierten Truppen, gestattete irakischen Kampfhubschraubern, die Linie der US-Streitkräfte zu überfliegen, um schiitische und kurdische Rebellen im Norden und Süden anzugreifen und zu töten, verweigerte aber den Republikanischen Garden, die sich gegen Saddam gewandt hatten, den Zugang zu ihren Waffenlagern. Saddam schlug diese Revolten mit aller Gewalt nieder, was seine Herrschaft weiter konsolidierte. Die Vereinigten Staaten hatten zwar einen Krieg geführt, um Saddam Hussein aus Kuwait zu vertreiben, in den Nachwirkungen des Krieges aber dafür gesorgt, dass der Diktator an der Macht blieb. Kurz nach Kriegsende verkündete Saddam Hussein seinen Sieg über die USA.

Auch nach dem Krieg blieben die Wirtschaftssanktionen gegen den Irak in Kraft. Seitdem sind mehr als eine Million Zivilisten an den direkten Folgen des Mangels gestorben, der durch die Sanktionen hervorgerufen wurde. Der Sicherheitsrat der Vereinten Nationen verabschiedete im April 1991 die Resolution 687 und rief damit die unter dem Namen UNSCOM bekannten Waffeninspektionsteams ins Leben. Bei den Wahlen 1992 wurde Präsident Bush von William Jefferson Clinton besiegt, der Bushs Eindämmungspolitik gegenüber dem Irak fortführte. Die seit Ende des Golfkriegs bis heute fortgeführten nadelstichartigen Angriffe amerikanischer Kampfflugzeuge auf irakische Luftabwehrstellungen sind inzwischen eine so übliche Praxis geworden, dass sie den westlichen Medien kaum noch eine Meldung wert sind. Die Inspektionsteams haben sämtliche Forschungs-, Herstellungs- und Lagerstätten für chemische, atomare und biologische Waffen ausfindig gemacht und zerstört, und zwar bis 1998, als in Folge einer vorsätzlich herbeigeführten Krise der UNSCOM-Leiter Richard Butler die Inspektionsteams abzog. Darauf wird detailliert und ausführlich in dem folgenden Interview eingegangen.

Ein Interview mit Scott Ritter

»Inflation ist das erste Wundermittel des schlecht geführten Staates. Das zweite Wundermittel ist der Krieg. Beide bringen zeitweiligen Wohlstand, und beide bringen den endgültigen Zusammenbruch. Aber auf beiden ruht die Hoffnung von Opportunisten in Politik und Wirtschaft.«

Ernest Hemingway

Das nachfolgende Interview wurde am 16. und am 19. August 2002 über mehrere Stunden per Telefon geführt.

PITT: *Gibt es, in Anbetracht Ihrer Erfahrung und der Zeit, die Sie im Irak verbracht haben, für die Vereinigten Staaten einen Grund für einen Krieg gegen dieses Land?*

RITTER: Die Vereinigten Staaten haben nur dann einen Grund für einen Krieg gegen den Irak, wenn der Irak entweder die Vereinigten Staaten angreift oder von der internationalen Staatengemeinschaft – insbesondere vom UN-Sicherheitsrat – als eine Gefahr für den internationalen Frieden und die Sicherheit betrachtet wird. Wenn der Irak die Vereinigten Staaten angreift, haben diese gemäß dem Selbstverteidigungsrecht nach Artikel 51 der UN-Charta natürlich das Recht zu einem bewaffneten Angriff.

Pitt: *Stellt der Irak eine Gefahr für Frieden und Sicherheit dar?*

Ritter: Das muss vom Sicherheitsrat sorgfältig geprüft werden. Lautet die Antwort »ja«, müsste eine Resolution nach Kapitel VII der Charta der Vereinten Nationen verabschiedet werden.
In den Vereinigten Staaten wird immer wieder auf Resolutionen gemäß Kapitel VII verwiesen, die bereits vom UN-Sicherheitsrat verabschiedet wurden und in denen der Irak als eine Bedrohung bezeichnet wird. Verwiesen wird vor allem auf Resolution 687, die im April 1991 verabschiedet wurde und zur Gründung der UNSCOM, der UN-Abrüstungskommission für den Irak, führte, zum Verbot von irakischen Waffen und zur Ermächtigung der Vereinten Nationen, mit militärischer Gewalt einzugreifen, falls der Irak den Forderungen nicht nachkommt. Ich glaube nicht, dass ein Völkerrechtler außerhalb der Vereinigten Staaten die Resolution 687 als einen Freibrief für die USA betrachtet, Krieg gegen den Irak zu führen. Darüber müsste immer noch der UN-Sicherheitsrat entscheiden, und gegenwärtig gibt es im Sicherheitsrat keine Anzeichen für eine Unterstützung der US-amerikanischen Sichtweise, wonach die gegebenen Bedingungen einen Krieg rechtfertigten.
Die Regierung Bush beruft sich derzeit auf das »Recht zur präventiven Selbstverteidigung«. Das besagt Folgendes: Wenn ein Land feindselige Absichten zeigt und die Mittel und Fähigkeiten zu einem Angriff erwirbt, ist das

andere Land nicht verpflichtet, tatenlos zuzusehen, bis der Angriff erfolgt. Es kann sich dabei auf Artikel 51 der Charta der Vereinten Nationen berufen. Dieser Logik folgend hätten die Alliierten Deutschland in einem Präventivschlag angreifen und so vielleicht Millionen von Menschenleben retten können. Eine durchaus sinnvolle Sache. Die gleiche Logik diente freilich auch Deutschland als Vorwand für den Überfall auf Polen und viele andere Länder. Auf diese Argumentation wird immer wieder gern zurückgegriffen. Israel beispielsweise hat sich mehrfach darauf berufen.
Der entscheidende Punkt ist die Feststellung der feindseligen Absicht. Wie lässt sich eine reale Bedrohung von einer herbeigeredeten unterscheiden, an die man vielleicht sogar selbst glaubt und hinter der man seine eigenen aggressiven Absichten versteckt? Wann ist ein Präventivschlag gerechtfertigt?
Im Falle des Irak hängt die Antwort von den Massenvernichtungswaffen ab, die seit 1991 verboten sind. Der Irak hat nicht mehr das Recht, solche Waffen zu besitzen, und wenn er jetzt, mehr als zehn Jahre nach dem Verbot dieser Waffen durch die internationale Staatengemeinschaft, über solche Waffen verfügt, könnte man dies definitiv als Beleg für seine feindseligen Absichten ansehen. Die Vereinigten Staaten könnten sich dann der weltweiten Unterstützung für einen Präventivschlag gegen den Irak sicher sein.

PITT: *Besitzt der Irak Massenvernichtungswaffen?*

Ritter: Die Sache ist nicht so einfach, wie einige Mitglieder der Bush-Regierung uns glauben machen wollen. Zweifellos ist der Irak seinen Abrüstungsverpflichtungen gemäß den Resolutionen des UN-Sicherheitsrates nicht in vollem Umfang nachgekommen. Andererseits wurde der Irak seit 1991 weitgehend entwaffnet: 90 bis 95 Prozent des Arsenals der irakischen Massenvernichtungswaffen wurden nachweislich zerstört. Das schließt sämtliche Fabriken zur Herstellung chemischer, biologischer und atomarer Waffen ein, außerdem Langstreckenraketen und die entsprechenden Maschinen in diesen Produktionsstätten sowie die meisten der in diesen Fabriken hergestellten sonstigen Produkte.
Der Irak war verpflichtet, all das den Vereinten Nationen zu übergeben, die dessen Vernichtung und Abbau überwachen sollten. Stattdessen zerstörte der Irak einseitig und ohne die Überwachung durch die Vereinten Nationen einen Großteil dieser Waffen. Das konnten wir später verifizieren. Das Problem ist jedoch, dass diese Zerstörungen nicht dokumentiert sind, und damit wird die Frage des Nachweises schnell zu einer vertrackten Angelegenheit.

Pitt: *Warum hat der Irak die Waffen zerstört, statt sie zu übergeben?*

Ritter: In vielen Fällen versuchten die Iraker, die Existenz dieser Waffen geheim zu halten. Und die einseitige Zerstörung könnte auch insofern ein Trick gewesen sein, als man behaupten konnte, die Waffen seien zer-

stört, während man in Wirklichkeit ein geheimes Arsenal zurückbehielt.
Entscheidend ist, dass man im Zweifelsfall nicht zugunsten des Irak entscheidet. Der Irak hat die internationale Staatengemeinschaft angelogen. Er hat die Waffeninspekteure angelogen. Viele glauben, dass sich der Irak noch immer bemüht, die Fähigkeit zur Herstellung dieser Waffen zu bewahren. Gleichzeitig muss man aber auch sagen: Es gibt keine Beweise dafür, dass der Irak tatsächlich über die entsprechende Fähigkeit oder die benötigten Materialien verfügt. Vielmehr spricht einiges dafür, dass dem Irak die notwendigen Materialien nicht mehr zur Verfügung stehen.
Ich glaube, das vorrangige Problem ist jetzt das der Bilanz. Der Irak hat 90 bis 95 Prozent seiner Massenvernichtungswaffen zerstört. Okay. Wir sollten uns vor Augen halten, dass die übrigen 5 bis 10 Prozent nicht unbedingt eine Bedrohung darstellen. Es handelt sich nicht mal um ein Waffenprogramm. Es handelt sich lediglich um einzelne Teile eines Waffenprogramms, und das ist in seiner Gesamtheit unbedeutend; trotzdem bleibt es unzulässig. Andererseits: Nur weil wir es nicht nachweisen können, heißt das nicht, dass der Irak nicht darüber verfügt. Aber es gibt auch keine Erkenntnisse darüber, dass der Irak solches Material besitzt. Das ist unser Dilemma. Wir können dem Irak keine Unbedenklichkeitsbescheinigung ausstellen, und deshalb können wir auch das Problem seiner Massenvernichtungswaffen nicht ad acta legen. Gleichzeitig können wir aber nicht guten Gewissens behaupten, die Tatsache, dass die Iraker ihren Abrüstungsverpflichtungen

nicht nachgekommen sind, bedeute de facto, dass sie verbotene kriegsfähige Waffen zurückbehalten haben.
Wie gehen wir mit dieser Unklarheit um? Manche sagen, wir müssen das Schlimmste annehmen, weil es heute im Irak keine Waffeninspekteure mehr gibt, weil der Irak in der Vergangenheit die Bereitschaft zeigte, solche Waffen zu kaufen und gegen seine Nachbarn und die eigene Bevölkerung einzusetzen, und weil der Irak in der Vergangenheit die Waffeninspekteure angelogen hat. Angesichts dieser Gegebenheiten sei ein Präventivschlag gerechtfertigt.
Würde dieser Fall vor Gericht verhandelt, wäre die Beweisführung eine ganz andere. Der Irak hat nämlich immer und immer wieder seine Bereitschaft gezeigt, mit den Waffeninspekteuren zusammenzuarbeiten. Was das Ende der Inspektionen angeht beziehungsweise den Abbruch, das Unabgeschlossene der Mission – mit anderen Worten, die Unfähigkeit, den Nachweis zu führen, dass der Irak vollständig abgerüstet hat –, da muss man mildernde Umstände gelten lassen. Gerade diejenigen, die diese Resolutionen in Kraft setzen wollten – beispielsweise die Vereinigten Staaten –, haben gegen die Bedingungen der Resolutionen verstoßen, indem sie die einzigartige Möglichkeit, im Irak zu operieren, auf eine Weise ausnutzten, die mit den Resolutionen des UN-Sicherheitsrates unvereinbar ist – zum Beispiel, um im Irak Spionage zu betreiben.

PITT: *Die US-Regierung und all diejenigen, die einen Angriff auf den Irak befürworten, konzentrieren sich im All-*

gemeinen auf fünf Punkte: 1. das Atomwaffenpotenzial; 2. das Potenzial chemischer Waffen; 3. das Potenzial biologischer Waffen; 4. das Potenzial für Raketen mit einer Reichweite bis in die Vereinigten Staaten und 5. die möglichen Verbindungen zwischen Saddam Hussein und Al-Kaida oder anderen Terrornetzwerken. Bleiben wir einen Augenblick beim Atomwaffenprogramm des Irak.

RITTER: 1998, in dem Jahr, als ich den Irak verließ und das UN-Waffeninspektionsprogramm beendet wurde, waren die Infrastruktur und die Anlagen zu 100 Prozent zerstört. Das steht ganz außer Frage. Sämtliche Instrumente, Geräte und Anlagen wurden zerstört. Die Anlagen zur Entwicklung von Waffensystemen wurden zerstört. Die Maschinen zu ihrer Herstellung wurden aufgespürt und vernichtet. Und wir hatten von Fahrzeugen und von der Luft aus die Möglichkeit, die Gammastrahlung zu messen, die bei Versuchen zur Anreicherung von Uran und Plutonium freigesetzt wird. Wir haben nie etwas gefunden. Wir können ohne Abstriche sagen, dass die industrielle Infrastruktur, die der Irak zur Herstellung von Atomwaffen benötigt, zerstört wurde. Doch auch hier ist die Sache nicht ganz so einfach, weil der Irak noch immer über Tausende von Wissenschaftlern verfügt, die an den Versuchen zur Herstellung von Atomwaffen beteiligt waren. Diese Wissenschaftler waren auf eine sehr spezielle Art und Weise organisiert, es gab verschiedene Unterabteilungen, die sich jeweils auf ganz bestimmte Technologien konzentrierten. Die materielle Infrastruktur wurde zwar zerstört, aber die

Iraker behielten diese Organisationsstruktur ihrer Wissenschaftler bei. Das heißt, der Irak verfügt über Tausende von Atomwissenschaftlern mit all ihrem Knowhow und ihren Fachkenntnissen, die noch auf genau dieselbe Weise organisiert sind wie zu dem Zeitpunkt, als der Irak ein Atomwaffenprogramm und die entsprechenden Infrastrukturen besaß. Diese Wissenschaftler arbeiten heute in einem erlaubten Rahmen. Ihre Beschäftigung ist also an sich nicht illegal, sie gestattet es ihnen jedoch, ihre Tätigkeit in Bereichen fortzusetzen, die jenen ähnlich sind, in denen sie arbeiten würden, wenn sie tatsächlich ein Atomwaffenprogramm aufbauten.

Es gibt die Befürchtung, dass die Iraker langfristig vorhaben, wieder ein Atomwaffenprogramm aufzubauen. Aber bei aller Sorge darf man die Realität nicht aus den Augen verlieren. Hier handelt es sich nicht um etwas, das über Nacht passieren könnte oder hätte passieren können, solange die Waffeninspekteure im Irak waren. Um das Potenzial für Atomwaffen wiederzugewinnen, müssten die Iraker praktisch aus dem Nichts Anlagen zur Anreicherung von Nuklearmaterial und zur Waffenproduktion aufbauen, was Zigmilliarden Dollar kosten würde. Atomwaffen kann man nicht in einem Keller oder einer unterirdischen Höhle herstellen. Dazu bedarf es moderner industrieller Infrastrukturen, die ihrerseits immense Mengen an Strom benötigen und sicherheitsgeschützte Technologien, die auf dem freien Markt nicht so ohne weiteres zu haben sind.

Pitt: *Wie zum Beispiel Neutronenreflektoren ...*

Ritter: Solche Geräte könnte der Irak sogar selbst entwickeln und bauen. Ich meine eher Hochgeschwindigkeitskameras und Zentrifugen, die man zur Anreicherung von Uran benötigt. Man braucht auch spezielle Chemikalien. Das alles ist nicht billig zu haben. Es ist sehr teuer – und leicht aufzuspüren.
Der amerikanische Vizepräsident [Dick Cheney] sagte, der Irak könne innerhalb von zwei Jahren eine Atombombe bauen. Wenn er nicht über Informationen verfügt, von denen wir nichts wissen, ist das blanker Unsinn. Und es sieht nicht so aus, als verfügte er über derartige Informationen, denn wenn man den Vizepräsidenten oder andere aus der Regierung Bush drängt, die Behauptungen zu belegen, verweisen sie immer nur auf meinen ehemaligen Chef Richard Butler [den damaligen Leiter der UN-Waffeninspektion im Irak], einen australischen Diplomaten, und auf Khidir Hamza, einen irakischen Überläufer, der behauptet, er sei Saddams Bombenbauer gewesen. Keiner von ihnen kann seine Aussagen auf etwas anderes als Spekulationen stützen. Die ständig wiederholten Behauptungen des Vizepräsidenten bezüglich des irakischen Atomwaffenpotenzials sind haltlose Spekulationen. Und das ist selbstverständlich zu wenig, vor allem wenn man sich die Protokolle der Vereinten Nationen zur irakischen Abrüstung zwischen 1991 und 1998 ansieht. Diese Protokolle sind unumstritten. Sie sind belegt. Wir haben das Atomwaffenprogramm des Irak vernichtet, und

wenn der Irak es wieder aufbauen würde, könnten seine Aktivitäten von Geheimdiensten ganz leicht entdeckt werden.

PITT: *Ich möchte noch einmal nachhaken, denn die Behauptungen des Vizepräsidenten sind in dieser Debatte von enormer Bedeutung. Wollen Sie sagen, dass der Irak beispielsweise Gaszentrifugenanlagen nicht geheim halten könnte wegen der enormen Energie, die eine solche Anlage benötigt, und wegen der Hitze, die bei diesen Prozessen entsteht?*

RITTER: Es ist nicht nur die Hitze. Bei der Zentrifugierung entstehen Gammastrahlen und auch diverse andere Strahlen. Das ist leicht aufzuspüren. Der Irak könnte das nicht verbergen.

PITT: *Und was ist mit den chemischen Waffen?*

RITTER: Der Irak produzierte drei verschiedene Nervengifte: Sarin, Tabun und VX. Die Befürworter eines Kriegs gegen den Irak sprechen von 20 000 Sprengköpfen, die mit den Nervengasen Sarin und Tabun gefüllt sind und gegen Amerikaner eingesetzt werden könnten. Doch diese Behauptung wird durch die Fakten nicht gestützt. Sarin und Tabun haben bei der Lagerung eine Lebensdauer von fünf Jahren. Selbst wenn der Irak es irgendwie geschafft hätte, diese ungeheuren Mengen an Kampfstoffen vor den Inspekteuren geheim zu halten, enthielten ihre Depots heute nur noch eine unbrauchbare und harmlose Schmiere.

Chemische Waffen wurden in der Anlage in der Region Muthanna hergestellt. Diese riesige Produktionsstätte für chemische Waffen wurde im Golfkrieg bombardiert, danach kamen die Waffeninspekteure und vernichteten alles, was davon noch übrig war. Damit verlor der Irak die Grundlage für die Herstellung von Sarin und Tabun. Wir haben Tausende Tonnen chemischer Stoffe vernichtet. Nicht, dass wir gesagt hätten: »Gut, wir haben eine Fabrik zerstört, jetzt warten wir darauf, dass alles andere verrottet.« Wir hatten über Jahre hinweg eine Verbrennungsanlage in Betrieb und verbrannten diese Substanzen jeden Tag tonnenweise. Wir brachten Bomben, Raketen und Sprengköpfe, die mit diesen Kampfstoffen gefüllt waren, gezielt zur Explosion. Wir entleerten Scud-Raketensprengköpfe, die damit bestückt waren. All das Zeug haben wir ausfindig gemacht und zerstört.

PITT: *Könnten die Iraker denn nicht noch einiges davon versteckt haben?*

RITTER: Das ist eine durchaus reale Möglichkeit. Das Problem besteht darin, dass alles, was sie beiseite geschafft haben, in der Fabrik in der Region Muthanna produziert worden sein muss. Nachdem wir diese Fabrik in die Luft gesprengt hatten, besaßen die Iraker keine Möglichkeit mehr, neue Kampfstoffe dieser Art zu produzieren. Und Sarin und Tabun zerfallen binnen fünf Jahren und werden damit völlig nutzlos. Es ist kein wirksamer chemischer Kampfstoff mehr, vor dem sich die Welt zu fürchten hätte.

All das Gerede über die chemischen Waffen des Irak besitzt heute keine Gültigkeit mehr. Das meiste davon beruht auf Spekulationen, denen zufolge der Irak einige dieser Kampfstoffe vor den UN-Inspekteuren verborgen gehalten haben könnte. Ich glaube, wir haben bei der Waffeninspektion im Irak gute Arbeit geleistet. Hätten sie etwas versteckt, dann hätten wir es gefunden. Aber nehmen wir einmal an, es wäre ihnen tatsächlich gelungen, etwas davon zu verstecken. Na und? Es wäre inzwischen unbrauchbar. Es ist nicht der Rede wert.

PITT: *Gibt VX-Gas nicht mehr Anlass zur Sorge?*

RITTER: Bei VX verhält sich die Sache anders, und zwar aus mehreren Gründen. Erstens haben die Iraker lange bestritten, überhaupt ein Programm zur Herstellung von VX zu besitzen, während sie zugaben, Sarin und Tabun zu produzieren. Erst durch die mühevolle Arbeit der Inspekteure konnten wir die Existenz eines solchen Programms aufdecken.

PITT: *Wie ging das vor sich?*

RITTER: Die Inspekteure durchsuchten die Fabrik in der Region Muthanna und entdeckten das Gebäude, in dem die Iraker ihre Forschung und Entwicklung betrieben. Es war im Krieg bombardiert worden, und dabei war die riesige Betondecke des Labors eingestürzt. Ein Glück für uns, denn damit war der ganze untere Bereich wie auf einem Standbild konserviert: Als wir die Decke entfernten, um Zugang zu den Labors zu bekommen, gewannen wir Einblick in die irakische VX-Produktion genau an jenem Tag im Januar, an dem die Bombe das Gebäude getroffen hatte. Wir schickten ein Inspektionsteam hinein, das wie forensische Archäologen vorging. Sie hoben die Decke ab – ein kühnes Unterfangen, denn es war hoch gefährlich –, gingen rein und konnten Unterlagen sicherstellen und Proben nehmen, die belegten, dass der Irak tatsächlich über ein Forschungs- und Entwicklungslabor für VX-Gas verfügte.

Als die Iraker dieser ersten Lüge überführt wurden, sagten sie: »Wir haben dieses Programm deshalb nicht deklariert, weil es keinen Erfolg hatte. Es ist uns nicht gelungen, VX in einer stabilen Form herzustellen.« Natürlich bezweifelten die Inspekteure diese Aussage und fragten nach: »Wie viele Vorläufersubstanzen habt ihr hergestellt?« Vorläuferchemikalien sind die Ausgangsstoffe für VX. »Wie viel VX habt ihr produziert? Wo habt ihr es hingebracht?« Die Iraker führten die Inspekteure auf ein Feld, wo sie die Chemikalien entsorgt hatten. Es wurden Bodenproben genommen, und tatsächlich wurden Zerfallsprodukte von VX und seinen Vorläufersubstanzen gefunden.

Leider wussten wir nicht, ob sie alles hier vergraben oder einen Teil zurückbehalten hatten. Wir fragten also, welche Container sie benutzt hatten. Die Iraker zeigten uns riesige Stahlbehälter, die aus der Sowjetunion stammten und zum Verschiffen von Treibstoff und anderen Flüssigkeiten bestimmt waren; die Iraker hatten sie für die Aufbewahrung von VX umfunktioniert. Als die Inspek-

teure Proben von den Innenwänden der Container nahmen, fanden sie heraus, dass sie gereinigt worden waren; es war nichts mehr zu finden. Aber einer der Inspekteure entdeckte auf einer Seite des Containers ein Reinigungsventil. Das Team nahm eine Probe und entdeckte VX in stabiler Form.
Wir konfrontierten die Iraker mit ihrer zweiten Lüge. Da machten sie einen Rückzieher: »Also gut, ihr habt Recht, wir haben tatsächlich VX in stabiler Form hergestellt. Aber wir haben es deshalb nicht deklariert, weil wir das VX nicht waffenfähig gemacht haben. In unseren Augen handelt es sich also nicht um ein Waffenprogramm. Wir haben uns entschlossen, es selbst zu vernichten. Ihr habt ja gesehen, dass wir es zerstört haben. Es ist weg, also brauchen wir nicht mehr darüber zu reden.«
Auch das war eine Lüge. Wir fanden Scud-Raketen, die mit VX-Giftgas in stabiler Form bestückt und in den Anlagen zur Vernichtung von Sprengköpfen zerstört worden waren. Also hatten die Iraker waffenfähiges VX hergestellt und uns über diese Tatsache belogen.
Wir wussten, dass die Iraker vorhatten, eine ganze Fabrik zur Herstellung des Nervengases VX zu bauen, und wir besaßen Informationen, wonach sie bereits über das entsprechende Equipment verfügten. Wir gingen dem nach, und 1996 entdeckten wir schließlich 200 Kisten mit Ausrüstung für die Herstellung von Glasfaserauskleidung, die für den Aufbau einer Fabrik zur Herstellung des Nervengases VX bestimmt war. Die Iraker hatten sie vor den Inspekteuren versteckt. Wir fanden

sie wie gesagt 1996 und zerstörten sie. Damit hatte der Irak keine Möglichkeit mehr, VX zu produzieren.
All das zeigt, wie kompliziert und vielschichtig diese Fragen sind. Mit Sicherheit gibt es im Irak nach wie vor ein ungelöstes VX-Problem. Und mit Sicherheit hat sich der Irak nicht so verhalten, wie es dem ehrlichen Bemühen, eine Lösung zu finden, entspräche. Es ist mühselig, an einem Ort zu arbeiten, wo man angelogen wird. Aber wenn man den Ärger über die Lügen beiseite lässt und sich den Tatsachen zuwendet, muss man festhalten: Es wurde eine Forschungs- und Entwicklungsanlage zerstört, es wurden Vorläufersubstanzen zerstört, ebenso der Giftstoff, Waffen und eine Fabrik.
Das ist gar nicht so übel. Selbst wenn der Irak noch über VX in stabiler Form verfügte, wäre es heute wahrscheinlich zerfallen und damit unbrauchbar. Bleibt die Frage, ob der Irak den Stabilisierungsprozess perfektioniert hat. Schon eine geringfügige Abweichung von der Formel lässt Eiweißstoffe entstehen, die das VX binnen Monaten zerstören. Die eigentliche Frage lautet also: Gibt es heute im Irak eine Fabrik zur Herstellung des Nervengases VX? Und die Antwort lautet: Nie im Leben.

PITT: *Hätte eine solche Fabrik nicht wieder aufgebaut werden können?*

RITTER: Seit 1998 hat kein Inspektionsteam mehr den Irak betreten. Ich schätze, der Irak wäre technisch in der Lage gewesen, innerhalb von sechs Monaten nach unserer Abreise seine Anlagen zur Herstellung dieses Kampfstoffes wieder aufzubauen. Somit hätte der Irak dreieinhalb Jahre Zeit gehabt, all die Horrorsubstanzen herzustellen und waffenfähig zu machen, die die Bush-Regierung als Begründung für einen Angriff heranzieht. Das entscheidende Stichwort ist hier jedoch die *technische* Fähigkeit. Wenn niemand hinschauen würde, könnte der Irak diese Programme wieder aufnehmen. Aber genau wie beim Atomwaffenprogramm hätte er bei Null anfangen müssen, da die gesamte Ausstattung, die Anlagen und die Forschungslabors zerstört waren. Die Iraker hätten sich die komplizierten Instrumente und die Technologie über Scheinfirmen beschaffen müssen. Das wäre nicht verborgen geblieben. Die Herstellung von chemischen Waffen setzt Abgase frei, die man längst aufgespürt hätte. Per Satellit und auf andere Weise haben wir das Land überwacht und nichts entdeckt. Wenn der Irak heute Waffen produzieren würde, hätten wir dafür einen definitiven Beweis. So einfach ist das.

PITT: *Sie sind sicher, dass bei den Inspektionen nichts übersehen wurde?*

RITTER: Zwischen 1994 und 1998 überprüften Waffeninspekteure sämtliche chemischen Produktionsstätten des Irak; es wurden hoch empfindliche Messinstrumente und Kameras installiert und unangemeldete Inspektionen durchgeführt. Wir fanden keine Belege dafür, dass Kapazitäten zur Herstellung verbotener Substanzen zurückgehalten oder wieder aufgebaut wurden. Mobile Inspektionsteams durchkämmten den Irak mit hoch empfindlichen Sensoren, die Laserstrahlen ausschicken und die Inhaltsstoffe der Partikel untersuchen, die die Strahlen passieren. Diese Geräte positionierten wir in Windrichtung der chemischen Anlagen, und so konnten wir genau sagen, was da jeweils emittiert wurde. Obwohl es nicht zu unseren Aufgaben gehörte, waren wir in der Lage, irakische Luftabwehranlagen aufzuspüren, weil die Laserstrahlen auch Salpetersäure anzeigten, ein Oxidationsmittel, das als Treibstoff für Scud-Raketen verwendet wird. Wir lokalisierten die Quelle und entdeckten mehrere Kilometer entfernt liegende irakische SA-2-Luftabwehrraketenstellungen. Die Dinger arbeiten äußerst genau.

PITT: *Würden wir es merken, wenn der Irak versuchte, sich die für die Herstellung chemischer Waffen nötige Ausrüstung zu beschaffen?*

RITTER: Als Waffeninspekteur arbeitete ich mit den Geheimdiensten mehrerer Staaten zusammen, um die Bemühungen des Irak zu vereiteln, sich unter der Hand Materialien aus dem Ausland zu besorgen. Wie wir heute wissen, verfügen die Iraker über mehrere solcher geheimen Beschaffungskanäle. Dabei wird meist gegen die Sanktionsbestimmungen verstoßen – aber auf diese Weise beschaffen sich die Iraker die Güter, die sie für den täglichen Bedarf und zur Aufrechterhaltung ihrer industriellen Infrastruktur benötigen.

PITT: *Handelt es sich um dieselben geheimen Kanäle, über die auch Halliburton, das so eng mit Vizepräsident Cheney verbundene Unternehmen, mit dem Irak zusammenarbeitete?*

RITTER: Um ähnliche. Ich glaube aber, dass die geheimen Kanäle, die die Iraker für die Zusammenarbeit mit Halliburton nutzten, nichts mit Geheimdiensten zu tun hatten. Der irakische Geheimdienst verfügt jedoch über geheime Beschaffungskanäle überall auf der Welt; und viele davon dienen zum Kauf von konventioneller militärischer Ausrüstung. Vergessen wir nicht: Es ist dem Irak zwar nicht verboten, eine konventionelle militärische Rüstung zu besitzen, im Rahmen der Sanktionsbestimmungen ist es ihm jedoch nicht gestattet, Waffen oder Ersatzteile für seine Hubschrauber-, Flugzeug- oder Panzerverbände zu erwerben. Jeder Militärfachmann wird Ihnen sagen, dass ein solcher Bestand in kürzester Zeit nicht nur völlig veraltet ist, sondern unbrauchbar wird, wenn nicht ständig neue Ersatzteile verfügbar sind.

PITT: *Ein Freund von mir war Panzerfahrer bei der Armee. Mindestens einmal am Tag stand er bis zu den Hüften im Dreck, um irgendetwas zu reparieren.*

RITTER: Bei Panzern, Flugzeugen und Hubschraubern fallen dauernd Teile aus. Die Iraker müssen also bei ihren geheimen Beschaffungsmaßnahmen immer auch bestrebt sein, Ersatzteile für das Militär zu bekommen. Und das tun sie mit beträchtlichem Erfolg. Deshalb ist ihr Luftabwehrsystem auch noch relativ effektiv. Und

deshalb können sie auch immer noch Panzer zum Einsatz bringen.
Aus diesen verdeckten Kanälen stammen zudem Produktionsausrüstungen für legitime zivile Produktionszweige. Mit »legitim« meine ich nicht, dass sie im Sinne der Sanktionsbestimmungen erlaubt sind, sondern dass sie nichts mit der Herstellung von Massenvernichtungswaffen zu tun haben. Der Irak ist ein moderner Industriestaat. Er braucht Maschinen und Maschinenteile, um zu funktionieren. Aufgrund der Wirtschaftssanktionen ist dies dem Land jedoch nicht möglich, daher muss der irakische Geheimdienst für die Beschaffung sorgen. Das mag illegal sein, aber wir als Inspekteure hatten uns einzig und allein auf die Massenvernichtungswaffen zu konzentrieren.
Ich habe Listen von buchstäblich Hunderten von Scheinfirmen des irakischen Geheimdienstes zusammengestellt, die weltweit operieren. Wir sind überallhin gereist, um sie zu überprüfen. Und wir fanden nirgendwo einen konkreten Hinweis darauf, dass sie in die Beschaffung verbotener Waren verwickelt waren.
Was dem noch am nächsten kam, war ein Versuch der Iraker, in Rumänien den Mehrheitsanteil an einem Raumfahrtunternehmen namens Aerofina zu kaufen, um dort Teile zu produzieren, mit denen die Al Samud hergestellt werden konnte, eine nicht unter die Sanktionsbestimmungen fallende Rakete mit einer Reichweite von unter 150 Kilometern. Der Irak hatte Schwierigkeiten, bestimmte Teile dieser Rakete im eigenen Land herzustellen, daher wollte man sich die Möglich-

keit dazu im Ausland verschaffen. Da diese Technologie der Rüstungskontrolle unterliegt, war das irakische Vorgehen illegal; es war ein Verstoß gegen die Sanktionen und ein Verstoß gegen UN-Resolutionen. Technisch gesprochen verstieß der Irak damit gegen die Abrüstungsbestimmungen des UN-Sicherheitsrats. Aber das bedeutet nicht, dass die Waffe an sich verboten ist; und schon gar nicht ist es ein vernünftiger Grund für einen Angriff.

PITT: *Und Ihre Kontrollen waren gründlich genug …*

RITTER: Wir waren sehr effektiv. Immer wenn eine irakische Delegation den Irak verließ, bekamen wir einen Wink; wir fanden heraus, wohin sie unterwegs waren, mit wem sie sich trafen und was sie kauften. Wir fingen Telex- und andere Nachrichten ab und installierten Abhöreinrichtungen in Hotels. Aber wir fanden nie einen Hinweis darauf, dass sie versuchten, verbotenes Waffenmaterial zu kaufen. Im Irak führte ich bei diesen Firmen unangekündigte Inspektionen durch und prüfte ihre Unterlagen. Dabei fanden wir interessante Dinge heraus, beispielsweise, dass mindestens sechzig Franzosen im Auftrag des Irak Scheinfirmen in Frankreich betrieben. Aber bei der Überprüfung dieser Firmen stellten wir fest, dass sie nichts mit Massenvernichtungswaffen zu tun hatten. Unsere Erkenntnisse mögen für die Franzosen und für andere von großem Interesse gewesen sein, aber nicht für uns.
Auch jetzt noch, wo die Inspekteure nicht mehr im Irak

operieren, sind die Geheimdienste anderer Länder in der Lage, sofort alle Aktivitäten aufzudecken, mit denen der Irak versucht, sich verbotene Güter zu beschaffen.

PITT: *Und die biologischen Waffen?*

RITTER: Wenn man Richard Butler reden hört, müsste man meinen, biologische Waffen seien ein »schwarzes Loch« und wir wüssten gar nichts darüber. Aber bei der Durchsicht der Protokolle zeigt sich, dass wir doch einiges wissen. Wir haben mehr Produktionsanlagen für biologische Waffen kontrolliert als sonst etwas – über tausend Einrichtungen, ein paar hundert davon sogar mehrmals.
Wir sahen uns derselben Schwierigkeit gegenüber wie beim Programm zur Produktion von VX: Die Iraker brauchten vier Jahre, bevor sie überhaupt eingestanden, ein Programm zur Herstellung biologischer Waffen zu haben. Sie bestritten es von 1991 bis 1995, und im Sommer 1995 gaben sie es schließlich zu.

PITT: *Was versuchten sie zu produzieren?*

RITTER: Sie haben es nicht nur versucht, sie haben tatsächlich etwas produziert – und zwar vor allem Anthrax, den Milzbranderreger, in flüssiger Form. Sie produzierten auch eine beträchtliche Menge flüssiges Botulinumtoxin. Es gelang ihnen, das eine wie das andere in waffenfähiger Form herzustellen, und sie bestückten Sprengköpfe und Bomben damit. Eine Zeit

lang leugneten sie alles. Als sie es 1995 schließlich zugaben, machten wir uns daran, die Fabriken und die für die Produktion notwendige Ausrüstung zu zerstören.
Im Gegensatz zur landläufigen Meinung gibt es absolut keinen Hinweis darauf, dass der Irak mit Pocken, Ebola oder anderen Horrorwaffen experimentierte, von denen in den Medien heute so gern geredet wird.
Die Fabrik in Al Hakam ist ein gutes Beispiel für die Schwierigkeiten, mit denen wir konfrontiert wurden, und für unseren Umgang damit. Dass diese Fabrik existierte, wussten wir seit 1991, und wir hatten dort Inspekteure, die äußerst misstrauisch waren. Der Irak deklarierte die Anlage als eine Fabrik zur Herstellung von Einzellerprotein, das als Tierfutter verwendet werden sollte. Das war lächerlich. Kein Mensch stellt auf diese Weise Tierfutter her. Es wäre das teuerste Tierfutter der Welt. Es gab dort einen hochwertigen Fermenter und andere Verarbeitungsanlagen. Wir wussten, dass hier Kampfstoffe hergestellt wurden. Die Iraker bestritten dies. Am Ende gaben sie es zu, und wir zerstörten die Fabrik.
Auf der Grundlage einer Dokumentation über die Nährmedien, die sie für Anthrax verwendet hatten, berechneten wir die Produktionsrate dieser Anlage. Der Irak behauptete, die Fabrik diene der zivilen Nutzung; aber dafür hätten die Nährmedien Jahrhunderte lang gereicht, und sie haben nur eine Lebensdauer von fünf bis sieben Jahren. Dies und andere Indizien legten den Verdacht nahe, dass der Irak geplant hatte, große Mengen Anthrax zu produzieren. Die Inspekteure verlangten Unterlagen über den Produktionsablauf, die nach Aus-

kunft der Iraker jedoch nicht existierten. Dann sagten sie, die Fabrik sei nicht voll ausgelastet gewesen. Dann wieder hieß es, die Produktionsleistung sei begrenzt gewesen. Viele Inspekteure glaubten das nicht. Aber ich will mir darüber kein Urteil anmaßen.

Der Irak war imstande, Anthrax in flüssiger Form zu produzieren. So viel steht fest. Auch unter idealen Lagerbedingungen beginnt flüssiges Anthrax innerhalb von drei Jahren zu keimen und wird damit unbrauchbar. Auch wenn uns also die Iraker angelogen und Anthrax zurückbehalten haben – es gibt keinen Beweis, der diesen Verdacht erhärtet, es bleibt die rein theoretische Spekulation einiger Inspekteure. Der Irak besitzt heute keine biologischen Waffen mehr, weil sowohl das Anthrax als auch das Botulinumtoxin inzwischen unbrauchbar geworden sind. Um heute über biologische Waffen zu verfügen, hätte der Irak eine Produktionsbasis für diese Kampfstoffe ganz neu aufbauen müssen. Noch einmal: Die Forschung und Entwicklung biologischer Waffen wurde von den Inspekteuren besonders sorgfältig überprüft. Wir haben im Irak überall gesucht, in jeder Forschungs- und Entwicklungseinrichtung, in jeder Universität, in jeder Schule, jedem Krankenhaus und jeder Bierbrauerei – überall, wo Fermentationsprozesse stattfinden könnten, haben wir kontrolliert und nirgendwo einen Beleg dafür gefunden, dass weiterhin Forschung und Entwicklung betrieben oder Materialien zurückbehalten wurden.

Manchmal wurden die Tests auch für andere Zwecke missbraucht. Ein Fall hat mit Dick Spertzel zu tun, der gegen Ende der UNSCOM-Mission im Irak die UN-Inspektion für Biowaffen leitete. Als ehemaliger Offizier der US-Armee für biologische Kriegsführung spielte er bei der Herstellung biologischer Angriffswaffen in den USA eine nicht unerhebliche Rolle. Er weiß also sehr genau Bescheid. Er erklärte, dass die UN keine Proben von biologischen Waffen nehmen würden. Zu den besonders spektakulären Fällen zählen hierbei die irakischen Präsidentenpaläste. Wir suchten sie im Jahr 1998 auf, als viele in der Regierung beschwörende Reden hielten, unter anderem Verteidigungsminister Cohen, der ein Päckchen Zucker hochhielt und sagte, wenn Anthrax darin wäre, reichte es aus, die Bevölkerung von Washington D.C. auszulöschen. Viele behaupteten, in den irakischen Palästen würde Anthrax hergestellt. Die Welt war drauf und dran, einen Krieg anzufangen, damit wir Zutritt bekämen. Als wir dann endlich hineindurften und nach atomaren und chemischen Waffen suchten, fanden wir nichts. Allerdings wurde den Biologen nicht aufgetragen, Tests durchzuführen. Als die Iraker Dick Spertzel darauf ansprachen, sagte er, er habe nie erwartet, dort biologische Waffen zu finden, und wolle den Irakern nicht die Genugtuung verschaffen, mit negativen Testergebnissen Punkte zu machen.

PITT: *Dieses Verhalten erinnert an einen Kriminalbeamten, der sich weigert, die Suche nach einer Mordwaffe in den Durchsuchungsbefehl aufzunehmen, aus Angst, sie nicht zu finden und das dann in der Beweisaufnahme zugeben zu müssen.*

Ritter: Genau das ist passiert. Es ist paradox, dass sich Dick Spertzel seither beklagt, es gäbe keine Informationen, und das Biowaffenpotenzial der Iraker als »schwarzes Loch« bezeichnet. Das ist lächerlich. Die Iraker haben ihn wiederholt gebeten, mit effizienten Messinstrumenten Tests zu biologischen Waffen durchzuführen. Er blieb dabei, er wolle keine Untersuchungen durchführen, die ein negatives Ergebnis brächten und damit den Irak in seiner Behauptung bestätigten, solche Waffen gar nicht zu besitzen.

Pitt: *Es lag gewiss im Interesse der Iraker, die Inspekteure zuzulassen, denn wenn das Ergebnis negativ war, hatten sie einen Grund, die Aufhebung der Sanktionen zu verlangen.*

Ritter: Für mich ist es intellektuell und moralisch unbegreiflich, dass Richard Butler das Dick Spertzel hat durchgehen lassen. Bei unseren morgendlichen Einsatzbesprechungen kam es mehrmals zu einem heftigen Wortwechsel zwischen mir und Dick Spertzel über die Art und Weise seiner Untersuchungen. Ich sagte immer und immer wieder, dies sei eine der unprofessionellsten Untersuchungen, die ich je gesehen hätte. Aber er war für die Biologie zuständig. Mein Job war die Detektivarbeit. Und ich fand nie einen Beleg für Geheimverstecke biologischer Waffen.
Ich möchte Ihnen noch eine Geschichte über unsere Forschungen nach biologischen Waffensystemen erzählen. Im September 1997 führte die exzellente Inspekteurin und Biologin Diane Seaman eine unangemeldete

Besichtigung des staatlichen Standardisierungslabors durch, wo Lebensmittel getestet werden. Sie kam durch den Hintereingang und stieß auf zwei Herren mit Aktentaschen, die gerade die Treppe herunterkamen. Als sie sie sahen, gerieten sie in Panik und versuchten wegzulaufen. Diane rannte ihnen nach, hielt sie fest und nahm ihnen die Aktentaschen ab, die sie einem ihrer Mitarbeiter gab. Der sollte sie wegschaffen, während sie selbst die Iraker hinhielt, damit der Mann mit den Aktentaschen entkommen konnte.

In unserem Hauptquartier fanden wir in den Aktentaschen Dokumente des Sicherheitsdienstes (Special Security Organization, SSO), der für Saddams persönlichen Schutz zuständig ist. Er entspricht in etwa dem US-amerikanischen Secret Service, ist aber weitaus brutaler. Ich hatte die SSO schon eine ganze Weile im Visier. Im Vorfeld hatten wir einen sehr detaillierten Bericht erhalten, demzufolge die SSO Einheiten aus Saddams Leibwache dafür einsetzte, biologische Kampfstoffe zwischen verschiedenen Einrichtungen hin- und herzutransportieren. In dem Bericht waren Personen und Orte sehr genau beschrieben. Wir nahmen Proben und fanden keine Hinweise auf biologische Kampfstoffe, aber die SSO blieb eine Organisation, die uns beunruhigte. Jetzt waren wir plötzlich im Besitz von Aktentaschen der SSO, die man aus dem Gebäude herauszuschmuggeln versucht hatte. Was noch ungeheuerlicher war: Die Dokumente trugen die Überschrift: »Biologische Sonderaktivität«.

Wir glaubten, einen Volltreffer gelandet zu haben. Wir fingen an, die Dokumente schnell zu übersetzen – und

ich meine wirklich schnell –, und lasen Sätze wie »Testvorrichtung für Botulinumtoxin« oder »Testvorrichtung für Clostridium Perfringens«. Beides sind Gifte, die der Irak als Kampfstoffe entwickelt hat. Wir organisierten ein Treffen mit den Irakern und kündigten an, dass wir darüber sprechen wollten. Die Iraker lehnten ab mit der Begründung, dies hätte nichts mit unserer Arbeit zu tun. Also suchten wir das Hauptquartier der SSO auf, das sich unmittelbar neben dem Präsidentenpalast befindet. Wir wurden mit vorgehaltener Waffe gestoppt und gezwungen, unsere Inspektion abzubrechen. Das führte zu einer größeren Konfrontation. Die Welt bereitete sich auf einen Krieg vor. Aber dann ließen wir die Dokumente vollständig übersetzen und erkannten, dass es darin gar nicht um biologische Waffen ging, sondern um Lebensmitteltests. Es waren Berichte über die Proben, die von jedem Kleidungsstück, jedem Bettlaken, jeder Speise und von allem genommen wurden, was mit dem Präsidenten und seinem engsten Kreis in Berührung kam. Sie haben Testvorrichtungen für Botulinumtoxin, weil Botulinumtoxin ein Lebensmittelgift ist. Das Gleiche gilt für Clostridium perfringens. In den Unterlagen über »Biologische Sonderaktivität« ging es einzig und allein um die Sicherheit des Präsidenten.
Was später aus dieser Geschichte gemacht wurde, hat mit der Wahrheit wenig zu tun. Richard Butler, der die Wahrheit kennt, zitiert im amerikanischen Fernsehen und Rundfunk diesen Vorfall bis heute als einen Beleg dafür, dass der Irak nach wie vor an der Herstellung biologischer Waffen arbeite.

Wie bei den atomaren und chemischen Waffen wissen wir auch über die biologischen Waffen des Irak vieles nicht. Aber wir wissen doch eine Menge. Wir wissen genug, um sagen zu können, dass es im Dezember 1998 keine Belege dafür gab, dass der Irak biologische Waffen zurückbehalten hat oder an deren Herstellung arbeitete. Ja, wir fanden im Gegenteil eine Menge Belege dafür, dass der Irak den Forderungen nachgekommen ist.

PITT: *Und was ist mit den irakischen Trägersystemen?*

RITTER: Dem Irak ist der Besitz von Raketen mit einer Reichweite von mehr als 150 Kilometern verboten; Raketen mit geringerer Reichweite dagegen sind zulässig. Der Irak arbeitete aktiv an der Entwicklung von zwei Raketentypen: an solchen mit Feststoffantrieb und an der Al-Samud-Rakete mit Flüssigantrieb.

Das Antriebssystem der Al Samud ist praktisch ein Motor, der brennt, solange er mit Treibstoff befeuert wird. Von der Größe des Treibstofftanks hängt die Reichweite ab. Der Irak entwickelte ein Antriebssystem, das leicht dadurch modifiziert werden konnte, dass man die Treibstofftanks verlängerte oder mehrere Raketen aneinander koppelte, um die Reichweite zu erhöhen.

Wir haben dieses Projekt sehr genau untersucht und herausgefunden, dass die Iraker äußerst begrenzte Möglichkeiten haben, was die Produktion im eigenen Land betrifft. Vor dem Golfkrieg erwarb der Irak eine Menge Technologie sowie Bauteile aus Deutschland, das eine lange Tradition in der Herstellung von Präzisionsmaschinen hat. Nach dem Krieg versuchten die Iraker, das zu kopieren, doch mit wenig Erfolg. Wir beobachteten, wie sie ihre Raketen zusammenbauten, und weil viele Mitglieder unseres Teams Raketenspezialisten waren, erkannten wir ihre Fehler. Sie mussten uns ihre Technologie zeigen, und natürlich schwiegen wir dazu. Aber uns wurde schnell klar, dass das Programm von intelligenten, entschlossenen Amateuren geleitet wurde, die es nur einfach nicht hinkriegten. Sie hatten Raketen gebaut, die im Kreis flogen und ins Trudeln gerieten, die nach Norden statt nach Süden losgingen und die explodierten. Irgendwann könnten sie es natürlich schaffen. 1998 jedenfalls waren sie optimistischen Schätzungen zufolge noch fünf Jahre davon entfernt – selbst wenn die Sanktionen aufgehoben würden und der Irak Zugang zu den notwendigen Technologien erhielte.

Ich höre immer wieder, der Irak besitze Mehrstufenraketen. Aber der Irak verfügt nicht über die Kapazitäten für Mehrstufenraketen. Sie haben es einmal versucht, 1989, als das Land freien Zugang zu dieser Technologie hatte, und die Rakete explodierte nach dem Abschuss. Ich höre, der Irak verfüge über Clusterbomben; auch das hat der Irak ausprobiert, ohne dass es funktionierte. Alles läuft darauf hinaus, dass der Irak nicht die Möglichkeiten besitzt, um Langstreckenraketen herzustellen. Die Iraker sind nicht einmal in der Lage, Kurzstreckenraketen zu bauen. Sie versuchen es zwar, aber ohne Erfolg. Ich denke, dieses Raketenprogramm gibt uns durchaus Anlass zur Sorge, weil die Technologie leicht modifiziert werden kann. Aber die Vorstellung, der Irak

könne plötzlich mit einer Langstreckenrakete aufwarten, ist absurd. Dazu müssen jede Menge Tests durchgeführt werden, und zwar im Freien. Das könnte niemals geheim bleiben.
Gewiss, die Inspekteure haben den Irak verlassen, und wir wissen nicht, was in den Fabriken passiert. Aber das spielt letztlich keine Rolle, weil sich die Tests nicht in den Gebäuden durchführen lassen. Man muss die Raketen ins Freie bringen und von Abschussrampen abfeuern. Das kann nicht geheim bleiben. Niemand hat bisher einen Beweis vorgelegt, dass der Irak dies getan hätte. Der Irak deklariert nach wie vor seine Raketentests, gewöhnlich acht bis zwölf pro Jahr. Unsere Radaranlagen registrieren diese Tests; wir wissen also, was dort getestet wird, und das, was wir wissen, braucht uns nicht zu beunruhigen.

PITT: *Und was ist mit den L-29-Flugzeugen?*

RITTER: Eine Zeit lang hatte die CIA die Befürchtung, dass L-29, einmotorige tschechoslowakische Jets, die die Iraker zu Drohnen – unbemannten Luftabwehrflugzeugen – umgebaut hatten, umgerüstet und mit chemischen und biologischen Waffen bestückt würden. Es gab tatsächlich eine Zeit, als L-29 auf eine Vielzahl von Flugfeldern verteilt wurden und die CIA überzeugt war, sie würden für den Abschuss auf die Türkei, Saudi-Arabien und andere Länder umgerüstet. Ich sprach in Israel mit den besten Experten der israelischen Luftwaffe und mit deren Biologen. Sie winkten ab. Sie meinten, das sei

Unsinn. Um Kampfstoffe abzufeuern, müssten an den Flugzeugen sehr spezielle Umrüstungen vorgenommen werden, die nicht geheim bleiben könnten. Diese Umrüstungen hätten auch Einfluss auf die Reichweite und den Treibstoff.
Wir schickten trotzdem Inspekteure in die Fabrik und fanden keinen Hinweis darauf, dass die Iraker die L-29 zu dem von der CIA gemutmaßten Zweck umbauten. Es handelte sich offensichtlich um ein Programm zum Bau von Aufklärungsdrohnen. Bedauerlicherweise führt die CIA bis heute die L-29-Flugzeuge als ein Beispiel für ein potenzielles Trägersystem an. Weil sich keine Inspekteure im Irak aufhalten, so die CIA, können wir auch nicht wissen, welche Fortschritte die Iraker inzwischen gemacht haben. Dies ist eine der Fragen, die sofort geklärt werden könnten, wenn wir wieder Inspekteure im Irak hätten.

PITT: *Bleiben noch die Verbindungen zu Al-Kaida.*

RITTER: Dieser Verdacht ist nun wirklich lächerlich. Saddam ist ein säkularer Diktator. Er hat in den vergangenen dreißig Jahren den islamischen Fundamentalismus bekämpft und ihn zerschlagen. Er führte nicht zuletzt auch wegen des islamischen Fundamentalismus Krieg gegen den Iran. Die Iraker haben heute Gesetze, wonach jemand, der für den Wahabbismus Anhänger wirbt, mit dem Tod bestraft wird; dies gilt nicht nur für den Wahabbismus, sondern für den Islam überhaupt, aber der Hass auf die Wahabbiten, zu denen auch

Osama bin Laden gehört, ist besonders groß. Osama bin Laden seinerseits hasst Saddam Hussein schon lange. Er bezeichnete ihn als einen Abtrünnigen, der getötet werden müsse.

PITT: *Obwohl Osama bin Laden die Sanktionen gegen den Irak immer wieder scharf verurteilt.*

RITTER: Das tut er, weil die amerikanischen Sanktionen nicht auf Saddam zielen. Sie schaden der irakischen Zivilbevölkerung.
Es gab nie eine Verbindung zwischen Osama bin Laden und Saddam Hussein. Auch das angebliche Treffen [zwischen Mohammed Atta und einem irakischen Geheimdienstmitarbeiter] in der tschechischen Hauptstadt Prag, von dem immer wieder die Rede ist, fand niemals statt. Die Geheimdienste jedenfalls halten es heute für äußerst unwahrscheinlich, dass ein solches Treffen stattfand. Vieles spricht dafür, dass sich Mohammed Atta zu jenem Zeitpunkt in Florida aufhielt.
Irakische Überläufer berichteten in jüngster Zeit über das Trainingslager in Salman Pak südlich von Bagdad. Sie behaupten, dort befinde sich eine Boeing. Das ist nicht wahr. Es handelt sich um eine russische Antonov. Sie behaupten, dort gebe es Eisenbahnattrappen, Busattrappen, Gebäude und so weiter. All das ist typisch für ein Trainingslager zur Befreiung von Geiseln, und als solches wurde es Mitte der achtziger Jahre unter Leitung des britischen Geheimdienstes tatsächlich gebaut. Spezialeinheiten des britischen Geheimdienstes SAS

brachten den Irakern Techniken zur Geiselbefreiung bei. Jedes Land mit einer nationalen Fluglinie, das von Terroristen angegriffen wird – und der Irak wurde damals vom Iran und von Syrien angegriffen –, muss mit diesen Techniken vertraut sein. Der Irak benutzte Salman Pak bis 1992 als Trainingsgelände für Geiselbefreiungen. 1992, als der Irak keine funktionierende Fluglinie mehr hatte und auch das Eisenbahnnetz zusammengebrochen war, übergab er die Anlage an den irakischen Geheimdienst, genauer gesagt, an die Abteilung für äußere Bedrohungen. Dies sind Fakten, die durch Quellen aus verschiedenen Ländern belegt sind. Die Abteilung für äußere Bedrohungen wurde geschaffen, um Kurdistan und insbesondere das Eindringen islamisch-fundamentalistischer Elemente aus dem Iran nach Kurdistan zu bekämpfen. Es handelte sich also nicht um ein Trainingslager für islamisch-fundamentalistische Terroristen, sondern um ein Trainingslager des Irak *zur Bekämpfung* islamisch-fundamentalistischer Terroristen.

Und dieser Kampf fand statt. Ziel Nummer eins war die islamistische Kurdenpartei, die sich später Al Ansar nannte. Jeff Goldberg behauptete im *New Yorker*, Al Ansar werde vom irakischen Geheimdienst finanziell unterstützt. Doch genau das Gegenteil ist der Fall: Die Iraker bekämpfen Al Ansar nun schon seit Jahren. Al Ansar stammt aus dem Iran und wird von Iranern unterstützt. Als Teil seines andauernden Kriegs gegen den islamischen Fundamentalismus schuf der Irak eine Spezialeinheit zur Bekämpfung dieser Leute.

Es wäre absurd, wenn der Irak Al-Kaida unterstützte, sei es mit konventionellen Waffen, wie einige behaupten, sei es mit Massenvernichtungswaffen …

PITT: *Weil Al-Kaida diese Waffen gegen Saddam Hussein einsetzen könnte.*

RITTER: Nicht *könnte*. Würde! Saddam ist der Abtrünnige, er ist die Inkarnation des Teufels. In den Augen dieser Leute verkörpert er das Böse schlechthin.
Es gibt keine Fakten, die die Behauptung stützen könnten, es gebe Verbindungen zwischen dem Irak und Al-Kaida. Der Irak hat sich nie mit Terroristen dieser Art verbündet. Zwar hat der Irak den Terrorismus seit jeher als Instrument benutzt, aber das Ziel irakischer Terroristen waren vorrangig der Iran, Syrien und die irakische Opposition im Ausland.

PITT: *Sprechen wir von dem Überläufer, dem »Bombenbauer«.*

RITTER: Khidir Hamza.

PITT: *Wer ist das?*

RITTER: Er behauptet, er sei Saddams Bombenbauer, er sei für das irakische Atomwaffenprogramm verantwortlich und dessen führender Kopf gewesen. Leider wird ihm von vielen geglaubt. Kürzlich hat er vor dem US-Senat ausgesagt, und niemand hat seine Glaubwür-

digkeit angezweifelt. Auch tritt er regelmäßig im amerikanischen Fernsehen auf.
In Wirklichkeit arbeitete er Mitte der achtziger Jahre als Funktionär auf mittlerer Ebene am irakischen Atomprogramm mit. Er arbeitete mit Hussein Kamal zusammen, Saddam Husseins Schwiegersohn, der die Kommission für militärische Industrialisierung leitete und mit ihrer Hilfe nicht nur Massenvernichtungswaffen für den Präsidenten produzierte, sondern sich auch persönlich bereicherte. Hamza hat keine Atomwaffen entwickelt. Mag sein, dass er Hussein Kamal bei der Durchsicht von Unterlagen der Atomwaffenkonstrukteure gelegentlich zur Seite stand, um zu prüfen, ob sie falsche Angaben machten. Er prüfte auch Unterlagen daraufhin, ob die darin enthaltenen Materialforderungen berechtigt waren.
Am Ende wurde Hamza gefeuert. 1994 lief er über, und die CIA lehnte es ab, mit ihm zusammenzuarbeiten – sämtliche Geheimdienste lehnten ihn ab –, weil sie wussten, dass er nicht derjenige war, für den er sich ausgab. Vergessen wir nicht, die CIA hatte ausgezeichnete Informanten aus dem irakischen Atomwaffenprogramm, die sich 1991 abgesetzt hatten und der CIA halfen, den vollen Umfang des Atomwaffenprogramms einzuschätzen. Sie waren auch der UNSCOM behilflich, an entsprechende Unterlagen aus den Archiven heranzukommen, unter anderem an die Personalakten, die Konstruktionspläne und so weiter. Hamza war kein Konstrukteur, und er war mit Sicherheit nicht der führende Kopf des Programms. Der führende Kopf war Jafar al Jafar.

Die Untersuchung des irakischen Atomwaffenprogramms und der Verschleierungstaktiken des Irak lag in meiner Verantwortung. Ich habe mit allen wichtigen Leuten gesprochen, die daran mitarbeiteten, angefangen mit Jafar al Jafar. Ich habe sehr eng mit der Internationalen Atomenergieorganisation (International Atomic Energy Agency, IAEA) zusammengearbeitet, um alle Unterlagen zu sichten. Hamza ist nicht der, für den er sich ausgibt. Trotzdem wird er von den amerikanischen Medien hofiert.

PITT: *Und Hamzas Dokument des »rauchenden Colts«, das angeblich belegt, dass der Irak eine Atombombe entwickelt hat?*

RITTER: Hussein Kamal setzte sich 1995 ab. Als wir ihm das Dokument vorlegten, sagte er sofort, es sei eine Fälschung, und benannte alle Fehler. Und dieser Hussein Kamal verfolgte mit seiner Flucht aus dem Irak immerhin auch das Ziel, Saddam Hussein zu stürzen. Er wollte Saddam diskreditieren, insofern hatte er bestimmt kein Interesse daran, ein Dokument für wertlos zu erklären, das ihm internationale Unterstützung für Saddams Sturz hätte verschaffen können. Aber etwas zu bestätigen, das er als eine plumpe Fälschung erkannte, konnte er auch nicht.
Immer wieder habe ich angeboten, mit Khidir Hamza ein Streitgespräch zu führen. Er weigerte sich. Er hat Angst vor mir, weil er weiß, dass ich im Besitz von Unterlagen bin, die ihn als Lügner entlarven.

PITT: *Sie haben auch Richard Butler zum Streitgespräch herausgefordert.*

RITTER: Meine Einladung gilt immer noch. Ich würde zu jeder Zeit und an jedem Ort mit ihm eine Diskussion führen.

PITT: *Wer ist Butler?*

RITTER: Ein australischer Diplomat; er kommt aus der Politik. Er hat sich in der australischen Politik engagiert und es verstanden, dieses Engagement in eine diplomatische Karriere umzumünzen, wo er sich mit Rüstungskontrolle im weitesten Sinn beschäftigte. Eine Zeit lang war er australischer Botschafter bei der Internationalen Atomenergieorganisation in Wien. Er hat am Atomwaffensperrvertrag mitgewirkt. Als australischer Botschafter bei den Vereinten Nationen hat er sich auch weiterhin mit dem Thema Rüstungskontrolle beschäftigt. Er ist sehr telegen, redegewandt und gebildet. Als Rolf Ekeus, der erste Chef der UNSCOM von 1991 bis Juni 1997, zurücktrat, wurde Richard Butler vom Generalsekretär gefragt, ob er Ekeus' Posten übernehmen wolle.

PITT: *Und Butler erklärt jetzt öffentlich, Sie wüssten nicht, wovon Sie reden …*

RITTER: Ihm passt nicht, was ich sage. Richards Problem ist, dass ich alles, was ich sage, belegen kann, er dagegen nicht. Wenn man sich die Mühe macht nachzulesen,

wird man sehen, dass Richard bezüglich des Irak und seiner Tätigkeit als Chef der UN-Waffeninspekteure ständig gelogen hat. Bezüglich des Irak hat er jede Glaubwürdigkeit verloren. Aber der gegenwärtigen Politik kommt es sehr gelegen, wenn einer mit dem Hintergrund Richard Butlers im amerikanischen Fernsehen Saddam attackiert. Bedauerlicherweise bieten ihm die Medien immer noch ein Forum.
Ich habe Richard Butler wiederholt zu einer Diskussion vor laufender Kamera und Publikum aufgefordert. Er hat es abgelehnt, mit mir zusammen in einer Sendung aufzutreten. Wir waren beide eingeladen, vor dem kanadischen Parlament zu berichten, aber Richard Butler kam nicht. Ich bin mir fast sicher, dass Richard Butler gesagt hat, wenn ich vor dem Senat aussagen würde, käme er nicht. Er geht einer Diskussion aus dem Weg, die er doch eigentlich befürworten sollte.
Ich mache zwischen Butler und Hamza einen gewissen Unterschied. Butler glaubt, was er sagt, und ist überzeugt, meine Aussagen widerlegen zu können. Doch das kann er nicht.

PITT: *Was sind Butlers Motive?*

RITTER: Sehen Sie, Richard Butler kommt mir vor wie der Kommandant eines auf Grund gelaufenen Flugzeugträgers. Er hat UNSCOM kaputt gemacht. UNSCOM gibt es nicht mehr wegen Richard Butler. Und deshalb tut er alles, um die Geschichte umzuschreiben, sich in ein positiveres Licht zu rücken und gleichzeitig an seiner Karriere als Abrüstungsfachmann weiterzubasteln.

PITT: *Wie hat er UNSCOM zugrunde gerichtet? Wurde sie von der CIA infiltriert?*

RITTER: Ich weiß nicht, ob ich es so bezeichnen würde. Ganz klar war die CIA beteiligt, vielfach auf ganz legale Weise. Aber die Frage ist doch: Wer hat das Sagen? Ein Team aufzustellen, in dem unter anderem auch CIA-Mitarbeiter tätig sind, so wie ich es gemacht habe, ist das eine – in allen meinen Teams gab es auch CIA-Mitarbeiter. Ich war auf sie angewiesen. Sie sind gut. Sie verfügen über großartige Fähigkeiten, die man braucht, wenn man sich auf ein Spiel mit den Irakern einlässt, wie ich es getan habe.

Solange sich alle Aktivitäten innerhalb des Irak im Einklang mit dem UN-Mandat bewegen – nämlich mit der Suche nach Massenvernichtungswaffen –, ist alles in Ordnung. In dem Moment, in dem man zulässt, dass Inspekteure auch nachrichtendienstliche Informationen sammeln, die mit dem Mandat nichts zu tun haben, diskreditiert man das gesamte Inspektionsteam. Richard Butler hat bei mehreren Inspektionsprogrammen – das wichtigste war ein Funkaufklärungsprogramm, das ich konzipiert und zwischen 1996 und 1998 auch geleitet habe – zugelassen, dass die CIA den Ton angibt, mit dem einzigen Ziel, Saddam auszuspionieren. Das war ein Fehler, und das habe ich immer wieder gesagt. Richard Butlers Weigerung, diese Verbindung zu beenden, war einer der Hauptgründe für meinen Rücktritt 1998.

PITT: *Warum wurden die UNSCOM-Inspekteure 1998 abgezogen?*

RITTER: Im August 1998 brachte Richard Butler eine Delegation nach Bagdad, um dort Gespräche zu führen. Die Iraker waren verärgert über das, was sie als Verzögerungstaktik und gezielte Provokationen empfanden. Sie hatten das Gefühl, die Inspekteure würden in unzulässiger Weise in Bereiche eindringen, die die Souveränität, die Würde und die nationale Sicherheit des Irak verletzten. Sie wollten hier eine Grenze ziehen. Richard Butler trat mit einem sehr aggressiven Programm auf, und die Iraker kündigten an, nicht mehr mit ihm zu verhandeln. Sie betrachteten ihn nicht mehr als fairen und objektiven Vermittler bei der Durchsetzung der Bestimmungen des UN-Sicherheitsrates, sondern als einen Handlanger der USA. Butler zog sich zurück, und die Iraker sagten, sie würden nicht mehr mit der UNSCOM zusammenarbeiten. Daraufhin ordnete Richard Butler im Oktober den Rückzug der Inspekteure an.
Die Iraker hatten eigentlich von Anfang an gesagt, dass sie nicht mit amerikanischen Inspekteuren zusammenarbeiten wollten. Dann lenkten sie ein, verlangten aber, die Amerikaner dürften lediglich die laufenden Kontrollen durchführen. Daraufhin zog Richard Butler alle Inspekteure ab.

Die USA bereiteten sich auf eine Bombardierung des Irak vor. Die Bomber waren schon in der Luft. Dann gelang es dem Generalsekretär, die Iraker zur bedingungslosen Rückkehr der Inspekteure zu bewegen, und die Bomber wurden zurückgerufen. Aber das Pentagon und das Weiße Haus fühlten sich von der UN herumgeschubst, und deshalb wurde entschieden, trotzdem zu bombardieren.

Am 30. November 1998 traf sich ein ranghohes Mitglied des amerikanischen Nationalen Sicherheitsrates mit Richard Butler, um ihm zu sagen, dass die USA den Irak bombardieren würden, und ihm den Zeitplan vorzulegen. Die Bombenangriffe sollten zeitgleich mit einer Inspektion beginnen: Damit wurden die Inspektionen als Vorwand für die Bombardierung benutzt. Richard Butler sollte einen Inspektionsplan erarbeiten, der mit dem Zeitplan der amerikanischen Bombardierungen zusammenfiel.

Nach diesem Gespräch beschloss Richard Butler, Inspekteure mit sehr heiklen Kontrollaufgaben in den Irak zu schicken, die nichts mit der Abrüstung zu tun hatten, sondern die Iraker provozieren sollten.

Der Irak hatte bereits ein Protokoll zur Durchführung von so genannten Inspektionen sensibler Einrichtungen vorgelegt, nachdem mehrere Inspektionsteams, an denen ich beteiligt war, versucht hatten, Zugang zu den Spezialbrigaden der Republikanischen Garde und zu anderen sensiblen Einrichtungen im Großraum Bagdad zu bekommen. Die Iraker hatten verständlicherweise gesagt, sie wollten nicht, dass vierzig Geheimdienstoffiziere dort herumliefen. Im Juni 1996 flog Rolf Ekeus in den Irak und handelte eine Übereinkunft aus, die so genannten Modalitäten zur Inspektion sensibler Einrichtungen: Wenn die Inspekteure an einen Ort kämen, den die Iraker als sensibel deklariert hatten, sollten die Iraker den unverzüglichen Zutritt eines nur vierköpfigen Inspektionsteams gewährleisten, das kontrollierte, ob die Einrichtung etwas mit Massenvernichtungswaffen zu tun hatte oder ob es sich tatsächlich nur um eine sensible Einrichtung handelte. In diesem Fall war die Inspektion zu beenden.

Diese Modalitäten bezüglich der Inspektion sensibler Einrichtungen wurden vom Sicherheitsrat als Teil eines Rahmenpakets zu den allgemeinen Durchführungsbestimmungen gebilligt. Und sie waren praktikabel – nicht perfekt, aber doch so gut, dass wir zwischen 1996 und 1998 unsere Arbeit tun konnten.

Nach seiner Konsultation mit dem ranghohen Mitglied des Nationalen Sicherheitsrates ordnete Richard Butler in enger Koordination mit den Vereinigten Staaten an, dass die Inspekteure nach ihrer Ankunft im Irak im Dezember die Modalitäten zur Inspektion sensibler Einrichtungen für null und nichtig erklären sollten. Er tat dies ohne Abstimmung mit dem Sicherheitsrat. Das einzige Land, mit dem er sich abstimmte, waren die Vereinigten Staaten.

Die Inspekteure gingen also in den Irak und suchten ein Hauptquartier der Baath-Partei in Bagdad auf. Die Iraker sagten zwar, es handle sich um eine sensible Einrichtung, ein vierköpfiges Inspektionsteam werde aber dennoch zugelassen. Die Kontrolleure erklärten einseitig die Modalitäten zur Inspektion sensibler Einrichtungen für ungültig und forderten die Zulassung des gesamten Inspektionsteams. Die Iraker ließen sich auf einen Kompromiss ein und gewährten einem sechsköpfigen Team Zutritt. Es fand nichts. Daraufhin forderte der Leiter des Teams auf Anordnung Richard Butlers den Zutritt eines sehr viel größeren Teams. Die Iraker antworteten, sie würden nur ein Team entsprechend den vereinbarten Modalitäten zulassen. Daraufhin zogen sich die Inspekteure zurück und erstatteten Richard Butler Bericht. Dieser wiederum führte den Vorfall als Beispiel für die eklatante Missachtung des Mandats des UN-Sicherheitsrates an.

Er hatte das Inspektionsteam auf Befehl der Vereinigten Staaten abgezogen. Damit brach er das Versprechen, das er den anderen Mitgliedern des Sicherheitsrates gegeben hatte: nämlich nie wieder einseitig Inspekteure abzuziehen beziehungsweise im Falle eines notwendigen Abzugs zuvor den Sicherheitsrat zu informieren und dessen Erlaubnis einzuholen. Schließlich waren die Inspekteure ja im Auftrag des Sicherheitsrates tätig. Richard Butler jedoch telefonierte lediglich mit dem stellvertretenden US-Botschafter Peter Burleigh, führte dessen Marschbefehl aus, zog die Inspekteure zurück, und zwei Tage später begannen die Amerikaner mit der Bombardierung. Sie benutzten Richard Butlers Bericht an den Sicherheitsrat als Rechtfertigung. Und natürlich hieß es in diesem Bericht, die Inspekteure wären bei der Durchführung ihrer Aufgaben von den Irakern behindert worden.

Pitt: *Das alles wird es sehr schwierig machen, amerikanische Inspekteure wieder in den Irak zu bekommen.*

Ritter: Das wird es schwierig machen, überhaupt irgendwelche Inspekteure hineinzubekommen. Man wird den Irakern zusichern müssen, die Inspekteure nicht wieder auf eine solche unzulässige Weise einzusetzen.

Pitt: *Diejenigen, die gegen den Irak in den Krieg ziehen wollen, sprechen oft davon, »dem Irak die Demokratie zu bringen«. Was halten Sie davon?*

Ritter: Es ist lächerlich, wenn Donald Rumsfeld und andere über Demokratie im Irak sprechen. Das Demokratiemodell des Westens beruht auf der Herrschaft der Mehrheit. Aber im Irak sind 60 Prozent der Bevölkerung schiitische Moslems, also theoretisch mit dem Iran verbündet. Der Iran ist selbstredend eine Brutstätte des antiamerikanischen islamischen Fundamentalismus. Der Irak verfügt nachweislich über die zweitgrößten Ölreserven. Die Vorstellung einer demokratischen Regierung im Irak mit den Schiiten an der Macht – was bedeuten würde, dass diese beiden großen Ölproduzenten theoretisch miteinander verbündet wären – ist etwas, das sich nicht viele Leute wünschen. In der Region würde dies keine große Unterstützung finden. Wir wollen keine Demokratie im Irak, weil wir nicht wollen, dass die Schiiten an die Macht kommen.
Die zweitgrößte Gruppe sind die Kurden, sie machen

rund 23 Prozent der Bevölkerung aus. Und in Wahrheit wollen wir genauso wenig wie die Türkei, dass die Kurden mehr Unabhängigkeit bekommen. Die Türken haben einen langen und blutigen Krieg geführt, um ein unabhängiges Kurdistan zu verhindern. Es liegt nicht im Interesse der Vereinigten Staaten, diesen 23 Prozent der Bevölkerung mehr demokratische Rechte zu verschaffen.
Das bedeutet, dass wir eigentlich nur über die verbleibenden 17 Prozent reden: die Sunniten. Saddam ist Sunnit. Die sunnitischen Stämme haben schon immer die irakische Politik dominiert. Sie haben das Militär dominiert, sie haben die herrschende Klasse dominiert. Aber auch was die Sunniten betrifft, geht es uns nicht um Demokratie.

PITT: *Sie haben die Herrschaft der Sunniten durch einen Vergleich mit dem Film »Der Pate« beschrieben.*

RITTER: Es gibt da eine Szene, in der Don Corleone die Mafia-Familien zusammenruft. Wenn man nur diese eine Szene betrachtet, könnte man meinen, dass diese Familien prächtig miteinander klarkommen. In Wirklichkeit sieht es ganz anders aus. Sie bekämpfen sich bis aufs Blut, sie intrigieren gegeneinander, sie belügen und bestehlen sich, sie verbünden sich und entzweien sich wieder, bis irgendwann eine Familie die Oberhand gewinnt.
Genau das ist auch im Irak geschehen. Saddam Husseins Familie, die Abu Nassir, zählt 20 000 Leute und

beherrscht ein Land von mehr als 20 Millionen Menschen. Und zwar deshalb, weil sie als die dominierende Familie hervorgegangen ist, weil sie die Sunniten dominiert. Und die Sunniten wiederum dominieren die Kurden und die Schiiten.
So sieht die Realität aus. Wenn man Saddam Hussein ersetzt, dann wahrscheinlich durch einen anderen Sunniten; das bedeutet, dass sich die sunnitische Stammeshierarchie durchsetzen wird und man am Schluss wieder ein Regime hat, das auf die gleiche Weise herrscht wie Saddam Hussein.
Das Ganze ist so und so absurd. Man kann einem Land nicht die Demokratie von außen aufzwingen. Das funktioniert nicht. Der Irak muss einen solchen Wandel von innen heraus vollziehen, und das dauert Jahrzehnte. Die einzige Möglichkeit, wie das geschehen kann, die einzige Möglichkeit, eine Demokratie auf den Weg zu bringen, besteht darin, die Wirtschaftssanktionen aufzuheben und dem Irak den wirtschaftlichen Wiederaufbau zu erlauben. Die Entwicklung einer lebensfähigen Mittelklasse über die religiösen, ethnischen und Stammesgrenzen hinweg ist das Einzige, was der Demokratie zum Leben verhelfen kann.

PITT: *Als die Vereinigten Staaten in Afghanistan eingriffen, benutzten sie die Nordallianz als ihre Ersatztruppe, als ihre Soldaten für den Bodenkampf. Es wurde viel darüber geredet, die Kurden auf ähnliche Weise einzusetzen, wenn die USA in den Irak einmarschieren. Ist das ein gangbarer Weg?*

Ritter: Nein. Erstens führen die Kurden untereinander Krieg und sind zu sehr zerstritten. Zweitens würden die Türken niemals zulassen, dass die Kurden eine derartige Dominanz bekommen. Drittens scheinen die Kurden selbst auf eine solche Rolle nicht sehr erpicht zu sein. Kürzlich trafen sich in Washington sämtliche irakische Oppositionsgruppen. Die größte kurdische Gruppe im Irak, die Kurdische Demokratische Partei, hat dieses Treffen allerdings boykottiert. Sie sagte: »Welche Garantien könnt ihr uns geben? Wenn ihr anfangt, euch für den Krieg zu rüsten, wird Saddam nicht einfach ruhig zusehen. Er wird zuschlagen, und er wird in Kurdistan zuschlagen. Er wird uns vernichten. Was wollt ihr tun, um das zu verhindern? Ihr könnt überhaupt nichts tun, um das zu verhindern, weil ihr darauf hinarbeitet, ihn zu beseitigen. Wenn ihr interveniert, um ihn davon abzuhalten, uns zu vernichten, zersplittert ihr eure Kräfte. So oder so – die Kurden können dabei nur verlieren, und deshalb sind wir nicht mit von der Partie.«

Pitt: *Wie sieht die taktische Lage aus, wenn die Vereinigten Staaten gegen den Irak in den Krieg ziehen? Auf wen können sie als Verbündete zählen? Welche Stützpunkte können sie benutzen?*

Ritter: Ich denke, die Türkei würde uns erlauben, die dortigen Stützpunkte zu benutzen, wenn wir versprechen, Kurdistan nicht anzutasten und die Kurden davon abzuhalten, ihre Unabhängigkeit zu erklären. Ich glaube, das wird mit das Erste sein, was geschieht, und

zwar relativ bald. Wir haben bereits jetzt amerikanische Streitkräfte in Kurdistan, die Rollfelder bauen und logistische Basen einrichten. Irgendwann in diesem Herbst werden wahrscheinlich mehrere tausend amerikanische Soldaten in Kurdistan stationiert werden, vorgeblich, um die Kurden im Irak zu schützen, indem man die Flugverbotszone erweitert und »sichere Häfen« schafft. Damit wird man die Zusammenarbeit der Türkei erkaufen.
Der Hauptstoß wird aus dem Süden erfolgen, aus Kuwait. Er wird von den logistischen Basen und Luftwaffenstützpunkten der Amerikaner aus geführt werden, die in Katar, den Vereinigten Arabischen Emiraten und Bahrain eingerichtet worden sind, mit 70 000 bis 150 000 Mann. Dieser Vorstoß wird zum Ziel haben, den Süden des Irak einzunehmen, dort die irakische Opposition einzusetzen, um Bagdad dann immer mehr unter Druck zu setzen, in der Hoffnung, dass die irakische Armee auseinander fällt und das irakische Volk – und insbesondere die Bevölkerung Bagdads – sich erhebt und Saddam stürzt. Zugleich wird es von Jordanien aus Sondereinsätze in den westlichen Irak geben, um zu verhindern, dass der Irak Israel mit Raketen beschießt. Dies würde zu einem Gegenangriff der Israelis führen, der diese ganze Koalition sprengen könnte. Aber der Hauptstoß wird aus dem Süden erfolgen.

PITT: *Wie werden die anderen Staaten in der Region reagieren?*

RITTER: Erstens ist die Wahrscheinlichkeit sehr groß, dass dieser ganze Feldzug scheitert, weil es so viele Unwägbarkeiten gibt. Die Frage ist, ob a) die irakische Armee nicht kämpfen wird; ob b) sich das irakische Volk erhebt; und c) sich die internationale Staatengemeinschaft um uns scharen wird, sobald wir nur unsere ernsthafte Absicht demonstriert haben, Saddam zu beseitigen.

PITT: *Bis jetzt ist die internationale Gemeinschaft ja alles andere als begeistert.*

RITTER: Sie ist entschieden dagegen. In der arabischen Welt gibt es starke Ressentiments. Falls Amerika im Alleingang im Irak einmarschiert, werden wir ...

PITT: *Brent Scowcroft [Sicherheitsberater von George Bush sen.] hat vor kurzem von einem Armageddon gesprochen.*

RITTER: Zu einem solchen könnte es werden. Diese Gefahr besteht wirklich. Wir müssen zwei Faktoren in den Griff bekommen: die Zeit und die Opfer in einem solchen Krieg. Wenn wir in den Irak einmarschieren, müssen wir auch schnell siegen. Wir werden keinen Spielraum für einen langen, ausgedehnten Feldzug haben. Falls die Iraker unseren Vorstoß eine Zeit lang aufhalten können – einen Monat oder zwei, falls Saddam sich halten kann –, wird es in der arabischen Welt dermaßen krachen, wie wir es noch nicht erlebt haben. Verglichen damit wäre der 11. September nur ein Dummejungenstreich.

Und falls es auf unserer Seite Opfer gibt, werden wir hier in den USA ein politisches Desaster erleben. Wenn zur internationalen Ablehnung noch die Verärgerung der amerikanischen Bevölkerung hinzukommt, wird der Präsident enorm unter Beschuss geraten.

PITT: *Insbesondere durch die internationale Staatengemeinschaft, falls wir uns nicht ein UN-Mandat beschaffen …*

RITTER: Ein solches wird es nie geben. Wir behaupten zwar, bereits eines zu haben, aber das stimmt nicht, und das könnte das Ende der UN als Förderer von Frieden und Sicherheit sein.

PITT: *Was ja durchaus den Absichten gewisser Leute in dieser Regierung entgegenkäme.*

RITTER: Die Ironie besteht doch darin, dass angesichts der Gefahr eines Zusammenbruchs von Ägypten, Jordanien und Saudi-Arabien die Bush-Regierung sagt: »Na und?« Bush und seine Leute haben doch ständig davon geredet, dass es im Nahen Osten eine Umgestaltung geben müsse, dass der Nahe Osten den Kontakt zu den westlich orientierten Gesellschaften verloren habe.
Es wird wirklich auf den Kampf der Kulturen hinauslaufen, den Osama bin Laden wollte. Das ist einer der Gründe, weshalb er uns angegriffen hat: Er wollte einen Krieg zwischen dem Westen und dem Islam herbeiführen. Nahezu jeder hielt das für lächerlich. Aber jetzt machen die Vereinigten Staaten daraus tatsächlich einen

Krieg zwischen dem Westen und dem Islam. Und den werden wir nicht gewinnen. Es ist nicht so, dass unser Land plötzlich besetzt werden würde, aber wir werden verlieren, weil wir nicht gewinnen. Es könnte für die USA eine demütigende Niederlage werden, eine entscheidende Niederlage, die den Verlust des amerikanischen Einflusses auf der ganzen Welt einläuten könnte. Sie könnte für unsere Wirtschaft verheerende Folgen haben.

Da wird ein sehr gefährliches Potenzial freigesetzt. Lesen Sie nur in der *Nuclear Policy Review*, was das Pentagon als Planungsstudie vorgelegt hat. Die sagen zwar, das sei alles nur hypothetisch, aber in einem der Szenarien geht man davon aus, dass Zehntausende von amerikanischen Soldaten in einem Krieg in Übersee feststecken und nicht nur das Risiko besteht, dass sie aufgerieben werden, sondern dass auch Massenvernichtungswaffen zum Einsatz kommen. Wir gehen ja bereits davon aus, dass der Irak in der Lage ist, chemische und biologische Kampfstoffe herzustellen. Vielleicht besitzen sie ja gar keine, aber in allen unseren Planungen unterstellen wir, dass sie welche haben. Wenn 70 000 bis 100 000 Mann im Irak festsitzen, wenn der Nahe Osten explodiert und unsere Kommunikationsverbindungen bedroht sind und damit auch unsere Möglichkeit, diese Truppen zu versorgen, und die Iraker leisten anhaltend Gegenwehr – dann wird die Gefahr eines Einsatzes von Atomwaffen sehr real.

So kann es zum Armageddon kommen. Heute kann sich noch niemand vorstellen, Terroristen eine Atomwaffe in die Hand zu geben; es wäre für sie sehr schwierig, eine zu bekommen. Aber falls entweder die USA oder Israel Atombomben gegen den Irak einsetzen sollten, würde ich meine Hand dafür ins Feuer legen, dass innerhalb von zehn Jahren die Vereinigten Staaten von Terroristen mit einer Atombombe angegriffen werden. Und das wäre dann das Ende vom Lied. Falls die USA oder Israel Atomwaffen gegen den Irak einsetzen, würden im Gegenzug Pakistan und der Iran den Terroristen den Bau von Atombomben ermöglichen. Das garantiere ich Ihnen. Das ist das Armageddon. Dieser Krieg gegen den Irak ist das Dümmste, was ich je gehört habe.

PITT: *Wie hoch wären die unmittelbaren Verluste an Menschenleben bei einem Krieg im Irak?*

RITTER: Im Irak wird es keine Umwälzung geben. Ich glaube nicht, dass sich das irakische Volk gegen Saddam erheben wird, aber falls doch, wird man den Aufstand brutal niederschlagen. Ich denke, wenn die USA von Süden aus vorstoßen, wird Saddam scharf gegen die Schiiten vorgehen, und das wird 20 000 bis 30 000 Tote zur Folge haben. Saddam wird einen Präventivschlag gegen Kurdistan führen und 10 000 bis 20 000 Kurden umbringen. Die Vereinigten Staaten werden Bagdad »schwächen« müssen, ein städtisches Gebiet mit fünf Millionen Menschen. Denken Sie nur an Grosny, als die Russen gegen die Tschetschenen losgezogen sind. Dies wird noch schlimmer werden, und wir werden 30 000 bis 40 000 Zivilisten töten. Wir sprechen über eine ungeheure Zahl von Toten unter der Zivilbevölkerung, ganz zu schweigen von Zehntausenden irakischer Soldaten und Sicherheitsleute, die umkommen werden.

PITT: *Sie haben das amerikanische Militär als die größte Tötungsmaschine der Geschichte bezeichnet.*

RITTER: Wir können wirkungsvoller töten als irgendwer sonst auf der Welt. Die Frage lautet: Was kann uns daran hindern? Wenn es um Kriegführung in Städten geht und darum, in bebauten, von Zivilisten dicht bevölkerten Gebieten bestimmte Leute aufzustöbern, sind unsere Handlungsmöglichkeiten sehr begrenzt. Das heißt, dass auch wir beträchtliche Verluste hätten. Unser Blutzoll wird in die Hunderte, wenn nicht sogar in die Tausende gehen.

PITT: *Und im denkbar schlimmsten Fall …*

RITTER: Falls die ganze Sache schief läuft und 70 000 Amerikaner abgeschnitten im Irak nur mehr darauf warten können, vernichtet zu werden, werden wir die Atombombe einsetzen. Daran gibt es keinen Zweifel. Wir werden die Atombombe einsetzen. An diesem Krieg ist alles schlecht. Dieser Krieg wird nicht gut enden.

PITT: *Von wem in der amerikanischen Regierung geht dieser Druck aus, einen Militärschlag zu führen? Kürzlich äußerte sich Condoleeza Rice [Sicherheitsberaterin von George W.*

Bush] in dem Sinne, dass es anscheinend nur zwei Optionen gebe: gar nichts zu tun oder Krieg zu führen.

RITTER: Condoleeza Rice hat nichts zu entscheiden.

PITT: *Sie ist ein Sprachrohr. Aber für wen?*

RITTER: Für Donald Rumsfeld, Paul Wolfowitz und Richard Perle.

PITT: *Weshalb?*

RITTER: Weil sie alle aus dem Umfeld einer neokonservativen Denkfabrik kommen, die äußerst enge Beziehungen zu Israel unterhält und die den Irak als Bedrohung für Israel und die Vereinigten Staaten ansieht. Sie haben sich ideologisch, intellektuell und politisch darauf eingeschworen, Saddam Hussein zu beseitigen.

PITT: *Glauben Sie, Israel sei der Dreh- und Angelpunkt?*

RITTER: Nein. Lassen Sie Israel aus dem Spiel. Israel ist nicht die treibende Kraft. Was ich meine, ist, dass diese Leute Neokonservative mit einer ausgesprochen pro-israelischen Haltung sind. Einige der schlimmsten Feinde Israels sind pro-israelische Amerikaner. Für mich gehören Donald Rumsfeld und Paul Wolfowitz heute zu den schlimmsten Feinden Israels. Ich halte mich selbst für ausgesprochen pro-israelisch, und wenn man sich um Israel Sorgen macht, ist diese Politik, die einen Angriff auf den Irak im Alleingang plant, das Schlimmste, was geschehen kann. Das destabilisiert den Nahen Osten noch mehr und bringt Israel in weit größere Gefahr. Es ist einfach schlechte Politik.

PITT: *Wie würden Sie »neokonservativ« definieren? Ich frage deshalb, weil ich weiß, dass Sie Republikaner sind und Bush im Jahr 2000 unterstützt haben.*

RITTER: Ich würde als neokonservativ all jene bezeichnen, die alles zurückweisen, was außerhalb ihres ideologischen Systems liegt. Ich glaube, ein Konservativer kann auch jemandem mit moderateren Ansichten zuhören und zumindest andere Auffassungen in Betracht ziehen. Aber Neokonservative sind so sehr in ihrer Ideologie verfangen, dass sie nichts anderes mehr in Betracht ziehen. Im Hinblick auf den Irak sind Neokonservative diejenigen, die im vergangenen Jahrzehnt in bestimmten Denkfabriken gewirkt haben – das American Enterprise Institute fällt mir da ein – und dort etwas entwickelt haben, was ich, ehrlich gesagt, nur als Meinung einer Randgruppe bezeichnen kann.
Nachdem es Bush mit der Wahl nicht geschafft hatte, das Mandat zu bekommen, das er gebraucht hätte, um die Demokraten und moderatere Stimmen für sich zu gewinnen, musste er auf seine neokonservative Basis zurückgreifen, wodurch plötzlich diese Leute mit ihrer extremen Haltung zum Irak an Gewicht gewannen. Sie sind definitiv nicht repräsentativ für das vorherrschende

Denken in Amerika. Aber sie sitzen jetzt an den Schalthebeln der Regierungsmacht …

Pitt: *… und des Militärs.*

Ritter: Insbesondere im Pentagon. Donald Rumsfeld war politisch bereits tot. Kein Mensch glaubte, dass Donald Rumsfeld noch irgendetwas ausrichten könnte. Paul Wolfowitz galt als tollwütiger Irrer von der extremen Rechten. Und nicht ohne Grund nennt man Richard Perle den »Fürsten der Finsternis«. Von diesen dreien glaubte man, sie würden den Rest ihres politischen Lebens damit verbringen, aus dem Hinterhalt ihre Giftpfeile abzuschießen, wie sie es zuvor schon zehn Jahre lang getan hatten. Und jetzt, mit einem Schlag, sind sie die Drahtzieher.

Pitt: *Ziemlich gefährliche Zeiten.*

Ritter: Extrem gefährliche.

Pitt: *Sie glauben, Öl habe mit dieser Sache nicht viel zu tun?*

Ritter: Nein. Öl gibt es in diesem Teil der Welt überall. Wir können vom Irak alles Öl bekommen, das wir wollen. Der irakische Öl-Minister hat klargemacht, dass nach Aufhebung der Sanktionen der Irak alles in seiner Macht Stehende tun wird, damit der strategische Energiebedarf der Vereinigten Staaten gedeckt wird. Es stimmt nicht, dass uns der Irak den Zugang zum Öl verwehren würde.

PITT: *Was halten Sie von den Anhörungen des Senatsausschusses für auswärtige Beziehungen – den Biden-Hearings –, die kürzlich stattfanden, im Hinblick auf diesen potenziellen Konflikt?*

RITTER: Ich fordere den Senat seit langer Zeit auf, Anhörungen über den Irak durchzuführen, und im Juni bin ich nach Washington gefahren, um mich mit einer Reihe von Senatoren und deren Stäben zu treffen. Ich habe versucht, mit Joe Biden und seinem Stab zu sprechen, aber sie haben auf meine Telefonanrufe nicht geantwortet. Von hochrangigen Mitarbeitern in den Büros von Chuck Hagel und John Kerry erfuhr ich, dass Biden von Anhörungen nichts wissen wolle; das stehe nicht auf seiner Tagesordnung. Offenbar hat sich zwischen Juni und Ende Juli etwas verändert, und die Anhörungen fanden statt. Aber sie waren nicht fair und objektiv. Stattdessen war es ein abgekartetes Spiel, eine Gaunerei, bei der die Senatoren ein handverlesenes Gremium zusammenstellten – darunter Butler und Hamza –, das instruiert war herauszufinden, dass der Irak eine Bedrohung darstelle.
Das alles ist sehr merkwürdig. Als Joe Biden diese Anhörungen auf *Fox News Sunday* ankündigte – was an sich schon Bände spricht – und im selben Atemzug die amerikanische Demokratie pries und von der Notwendigkeit einer Debatte und eines Dialogs sprach, sagte er

auch, falls Saddam in fünf Jahren noch am Ruder sei, hätten wir einen Fehler gemacht. Er sagte, er sei zuversichtlich, dass sich nach den Anhörungen der Kongress nahezu einstimmig entschließen werde, militärische Maßnahmen gegen den Irak einzuleiten. Wenn das kein vorweggenommener Beschluss war, weiß ich nicht, was sonst.

PITT: *Es war die Rede von einem »Regimewechsel«, aber nicht davon, wie dieser zu erreichen sei, durch Krieg.*

RITTER: Sie haben von nichts anderem gesprochen. Wenn Biden und die Senatoren Richter wären und dies tatsächlich eine Debatte über die vom Irak ausgehende Bedrohung gewesen wäre, hätten sie sich selbst wegen Befangenheit ablehnen müssen, weil sie nichts anderes im Sinn hatten als den Regimewechsel. Sie haben in den Regimewechsel so viel politisches Kapital investiert, dass es lächerlich wäre anzunehmen, diese Senatoren hätten etwas gewollt, das einer fairen und offenen Anhörung über den Irak oder über die Bedrohung der Vereinigten Staaten durch den Irak gleichkäme.

PITT: *In Anbetracht all Ihrer Erfahrungen – wie denken Sie über die irakische Regierung im Allgemeinen?*

RITTER: Die irakische Regierung ist fest verschanzt nach mehr als dreißig Jahren Herrschaft der Baath-Partei. Die Baath-Partei hat jeden Bereich des öffentlichen Lebens im Irak durchdrungen – Kultur, Wirtschaft, Erziehung

und Politik. Es wäre unverantwortlich, die Vorgänge dort auf einen einfachen Nenner zu bringen und zu versuchen, Saddam Hussein vom Rest der politischen Maschinerie losgelöst sehen zu wollen. So funktioniert das nicht.
Ich bin Realist genug, um zu verstehen, dass die irakische Regierung innerhalb des Landes viel stärker ist, als die meisten Leute annehmen. Ich denke, man darf die irakische Regierung nicht als zu leichtgewichtig ansehen. Es ist ein brutales Regime, das seine Missachtung des Völkerrechts und der Menschenrechte hinreichend demonstriert hat. Es hat bewiesen, dass es in der Lage ist, die Bevölkerung über seine politischen Ziele zu belügen – genauso wie es viele andere Regierungen auf der Welt, einschließlich unserer eigenen, auch tun. Es besteht kein Grund, um die Sache herumzureden. Die Iraker haben nicht die Wahrheit gesagt. Mir ist klar, dass man das nicht hinnehmen kann. Wenn man aber in der politischen Welt sämtliche Verbindungen zu all jenen kappt, die Lügen erzählen, würde kein Mensch mehr mit einem anderen etwas zu tun haben.

PITT: *Sie sagten, eines der gefährlichsten Dinge in den Vereinigten Staaten sei gewesen, dass die Amerikaner sich dem Irrglauben hingegeben haben, man könne 20 Millionen Iraker – die ganz normale Zivilbevölkerung – mit einem einzigen Menschen, Saddam Hussein, gleichsetzen. Wenn wir darüber sprechen, wie wir Saddam und seine Regierung loswerden, übersehen wir dabei, dass wir auch über 20 Millionen gewöhnlicher Menschen sprechen.*

RITTER: Der Irak ist nicht gleich Saddam Hussein. Saddam ist ein gewichtiger Faktor, zweifellos, aber wenn wir eine ganze Nation von mehr als 20 Millionen Menschen mit einem einzigen Mann gleichsetzen, so ist das auf groteske Weise ignorant.

PITT: *Wie würden Sie das Problem anpacken?*

RITTER: Als Erstes würde ich einen Sondergesandten ernennen – einen Vertreter der US-Regierung – und ihn nach Bagdad schicken, damit er dort Gespräche führt. Und zuhört. Bei jedweder Lösung, die militärische Maßnahmen einschließt, muss auch die Diplomatie ins Spiel gebracht werden. Einer der Gründe, weshalb wir keine Koalition zustande bringen, ist, dass wir bei der Irak-Frage auf sämtliche diplomatischen Mittel verzichtet haben. Wenn sich Colin Powell mit dem Vertreter des nordkoreanischen Außenministers zusammensetzen kann – wobei Nordkorea natürlich zu Bushs »Achse des Bösen« gehört –, sollten wir auch in der Lage sein, uns mit den Irakern zusammenzusetzen.
Es ist wichtig, dass wir uns diplomatisch wieder engagieren, denn dadurch kommt der Prozess des Austauschs von Standpunkten in Gang. Wir können darlegen, dass wir darauf bestehen, dass sich der Irak strikt an die Bestimmungen des Sicherheitsrats hält. Wir können ebenfalls darlegen – und dies ist ganz entscheidend –, dass uns mehr an der Abrüstung als an der Beseitigung des Regimes gelegen ist. Ich glaube, wir brauchen eine völlige Neubewertung unserer politischen Ziele hinsicht-

lich des Irak. Wir können nicht über Abrüstung und über die irakische Verpflichtung sprechen, sich an die Beschlüsse des Sicherheitsrats zur Abrüstung zu halten, und im selben Atemzug verkünden, wir wollten im Alleingang und unter Bruch des Völkerrechts Saddam Hussein stürzen.

Das gilt insbesondere, wenn wir sagen, dass wir selbst dann, wenn der Irak hinsichtlich der Inspekteure voll und ganz mitspielt, nach wie vor Saddam zur Strecke bringen wollen. Das ist äußerst kontraproduktiv. Zuerst müssen wir auf Abrüstung pochen. Zuerst müssen wir auf das Völkerrecht pochen. Und alles tun, um die Waffeninspekteure wieder in den Irak zu bekommen.

PITT: *Was ist nötig, um die Inspekteure wieder in den Irak zu bekommen?*

RITTER: Am Ende, so glaube ich, wird dem Irak nichts anderes übrig bleiben, als die kategorische Forderung, die Inspekteure wieder ins Land zu lassen, ohne Vorbedingungen zu akzeptieren. Darum geht es. Aber der Irak wird sich so lange weigern, bis er die Zusicherung hat, dass die Inspektionen nicht wieder dazu missbraucht werden – wie das im Dezember 1998 durch die USA geschehen ist –, Militäraktionen zu provozieren oder geheimdienstliche Informationen gegen Saddam Hussein zu sammeln.

Es ist schwierig, die Interessen in Einklang zu bringen: einerseits die legitime Forderung des Sicherheitsrats, es dürfe keine Vorbedingungen geben und der Irak müsse sich voll und ganz an die Bestimmungen halten, die ihm durch den Beschluss des Sicherheitsrats auferlegt wurden. Und andererseits die legitimen Bedenken des Irak, was seine Souveränität und nationale Sicherheit angeht.

Deshalb, denke ich, wäre es hilfreich, wenn sich ein ehrlicher Vermittler einschalten würde. Das würde ein vertrauensbildendes Umfeld schaffen, in dem die unterschiedlichen Interessen zusammengeführt werden könnten. Der ehrliche Vermittler würde nur dann auf den Plan treten, wenn den Inspekteuren ein unbeschränkter Zugang ohne Vorbedingungen gewährt würde. Andererseits würde der Vermittler sicherstellen, dass es keinen Missbrauch gibt. Ich glaube, hätte es im Dezember 1998 einen ehrlichen Vermittler gegeben, wäre Richard Butler mit seiner inszenierten Manipulation nicht durchgekommen. Hätte es einen ehrlichen Vermittler gegeben und hätte die internationale Staatengemeinschaft erkannt, dass die Iraker voll und ganz bereit waren, die Inspekteure in das Hauptquartier der Baath-Partei zu lassen, hätte Richard Butler mit dem Bericht, den er veröffentlichte, keinen Erfolg gehabt, und die USA hätten nicht so ungeniert das Völkerrecht missachten und den Irak bei der Operation Wüstenfuchs bombardieren können.

Ich glaube, diese Art unabhängiger Beobachter ist ein entscheidender Teil jeder zukünftigen Lösung, die darauf abzielt, die Inspekteure wieder in den Irak zu bekommen.

Pitt: *Sie haben im Marineinfanteriekorps gedient, als Offizier, als Nachrichtenoffizier. Sie haben sieben Jahre lang im Irak nach diesen Waffen gesucht, um die Sicherheit nicht nur unseres Landes, sondern der Region und der ganzen Welt zu gewährleisten. Dennoch gibt es in unserem Land Menschen, die Sie als Verräter beschimpfen, weil Sie über diese Dinge so reden, wie Sie es tun. Was entgegnen Sie denen?*

Ritter: Jeder Mensch darf sagen, was er möchte, aber ich glaube, dass diejenigen, die so etwas von mir behaupten, sich absichtlich dumm stellen. Da gibt es doch so etwas, das man die Verfassung der Vereinigten Staaten nennt. Als ich die Uniform des Marineinfanteriekorps anzog und als Offizier bei den »Marines« Dienst tat, schwor ich einen Eid, die Verfassung gegen alle Feinde, im Ausland wie im Inland, hochzuhalten und zu verteidigen. Das bedeutet, dass ich bereit bin, mein Leben für dieses Stück Papier und das, was es repräsentiert, einzusetzen. Dieses Schriftstück spricht von »uns, dem Volk« und von einer Regierung des Volkes, durch das Volk und für das Volk. Es spricht von der Redefreiheit und von den individuellen bürgerlichen Freiheiten.
Eines meines Lieblingsgemälde stammt von Norman Rockwell. Es ist mit »Freedom of Speech«, »Redefreiheit«, betitelt und zeigt eine Stadtratsversammlung in Neuengland, bei der ein Gentleman zum Publikum spricht. Ältere und jüngere Leute hören ihm zu. Sie müssen dem nicht beipflichten, was er sagt, aber er spricht und äußert seine Meinung. Für mich verkörpert das Recht jedes Bürgers, frei zu sprechen, mehr als

alles andere die Prinzipien der amerikanischen Demokratie.

Wir haben keine Demokratie, solange die Bürger sich nicht einmischen. Und ich mische mich ein. Die Leute müssen mir nicht beipflichten. Damit habe ich kein Problem. Ich respektiere das und möchte die Menschen, die anderer Meinung sind als ich, dazu einladen, mit mir zu diskutieren, damit wir unsere Differenzen besprechen und herausfinden können, wo genau wir unterschiedlicher Meinung sind. Ich glaube, ich kann bei einer solchen Diskussion unumstößliche Fakten auf den Tisch legen. Was mich bei dieser ganzen Sache, seit ich mein Amt niedergelegt habe, besonders stolz macht, ist – ganz gleich, wie viele Leute sagen, dass sie mir nicht zustimmen –, dass alle Journalisten, die über mich geschrieben haben, einhellig zu demselben Schluss gekommen sind: Sie können nicht nachweisen, dass die von mir dargelegten Tatsachen falsch sind. Wenn ich sage, dass etwas so und so geschehen ist, ist es auch genauso geschehen.

Ich denke, was ich beisteuern kann, ist für die Diskussion absolut unverzichtbar. Deshalb melde ich mich zu Wort – um Einsichten zu liefern, die andernfalls nicht gehört würden. Ich bin kein Verräter; dass ich mich zu Wort melde, ist vielmehr das Patriotischste, das ich im Moment machen kann. Der größte Dienst, den ich meinem Land erweisen kann, besteht darin, in der Irak-Frage zu einer breit angelegten Debatte und zu einem Dialog beizutragen. Wenn der Krieg kommen muss, dann kommt er eben, aber zumindest wird es dann ein Krieg sein, über den offen und fair debattiert worden ist

und für den es aufgrund der wirklichen Fakten triftige Gründe gab. Aber wenn diejenigen, die den Krieg fordern, ihre Gründe nicht triftig darlegen können, muss sich die amerikanische Öffentlichkeit dessen auch bewusst sein. Das ist die Rolle, die ich hier spiele.
Das zielt auf den Kern dessen, was es bedeutet, ein Amerikaner zu sein, und darauf, wo unsere Verantwortung liegt. Unsere Hauptverantwortung besteht nicht darin, dazusitzen und stumpfsinnig mit dem Kopf zu nicken, wenn unsere gewählten Vertreter in Washington irgendetwas sagen. Unsere Pflicht und Verantwortung besteht darin, die amerikanische Demokratie funktionsfähig zu halten, und die amerikanische Demokratie kann nur funktionieren, wenn die Bürger sich einmischen, wenn die Bürger mit Fakten versorgt werden. Wenn ich mich zu Wort melde, dann um die Demokratie zu stärken, aber es hat nichts mit Verrat an meinem Land zu tun.

Pitt: *Sie hatten auch Probleme mit dem FBI.*

Ritter: Ich war seit jeher sehr offen gegenüber dem FBI. Meine erste Überprüfung durch das FBI fand 1991 statt, nachdem ich geheiratet hatte. Mein Frau stammt aus der ehemaligen Sowjetunion, ist aber inzwischen amerikanische Staatsbürgerin. Die Überprüfung wurde 1992 beendet, als das FBI feststellte, dass meine Eheschließung die nationale Sicherheit der Vereinigten Staaten nicht gefährdet, und mir wurde auch nie auch nur der geringste Verstoß gegen irgendein Gesetz vorgeworfen. Ein Mann begegnet einer Frau, und sie verlieben sich. Das ist alles.

Den Job von den Vereinten Nationen zu bekommen war eine tolle Sache. Das Problem dabei war, dass sich die CIA darüber aufregte, weil ich, ein Nachrichtenoffizier, nicht mehr unter ihrer Kontrolle stand und eine einflussreiche Position innehatte. Da schob man das FBI vor, um mich einzuschüchtern. Das funktionierte nicht. Man kann mich nicht einschüchtern. Das Ganze wurde zu den Akten gelegt und erst 1996 wieder ausgegraben, als wir von der UNSCOM aufgrund der erfolgreichen Beziehungen, die ich zwischen den UN und Israel vermittelt hatte, anfingen, in gewisser Weise von der CIA unabhängig zu werden. Wir waren nicht mehr so sehr auf ihre Erkenntnisse angewiesen wie zuvor. Das bereitete den Leuten Kopfzerbrechen, für die das Motto »Wissen ist Macht« gilt. Solange die CIA der einzige Lieferant von Informationen war, hatte sie Macht und Einfluss auf die Inspektionen. Dadurch, dass sie die Informationen kontrollierte, konnte sie uns vorschreiben, wohin und wann wir losziehen und auf welche Weise wir vorgehen sollten.

Aber weil es uns gelang, uns mit Israel eine äußerst effektive alternative Informationsquelle zu erschließen, verlor die CIA ihren Einfluss. Sie reagierte darauf, indem sie mich beschuldigte, ich würde für den Staat Israel spionieren. Sie hetzte das FBI auf mich, das mich ständig überwachen sollte.

Als ich mein Amt niederlegte und anfing, mich gegen die amerikanische Politik im Irak auszusprechen, wurde eine dritte Überprüfung in Gang gesetzt. Das wurde mir klar, als ich mich entschloss, einen Dokumentarfilm im Irak zu drehen, der den Titel »On Shifting Sands« [»Auf Treibsand«] trägt. Ich wurde jetzt nicht mehr nur verdächtigt, ein Agent Israels zu sein, sondern auch ein Agent des Irak!

PITT: *Einige Leute haben Sie als Agent des Irak bezeichnet und behauptet, Sie hätten 400 000 Dollar vom Irak bekommen, um diesen Film zu produzieren.*

RITTER: Um den Film zu drehen, habe ich eine Produktionsgesellschaft gegründet und nach Investoren gesucht. Weil es bei dem Film um ein kontroverses Thema ging, das heißt, weil er die Wahrheit zeigte auf eine Art und Weise, die die Regierung Clinton ärgern würde, waren nicht allzu viele Leute bereit einzusteigen. Keiner der Sender, die üblicherweise Dokumentarfilme zeigen – PBS, Frontline, CNN usw. –, wollte sich beteiligen und Geld in das Projekt stecken. Ein amerikanischer Staatsbürger, ich betone: ein amerikanischer Staatsbürger irakischer Abstammung namens Shakir Alkafajii, der in Detroit als Geschäftsmann tätig ist, war bereit, 400 000 Dollar aus eigener Tasche beizusteuern. 400 000 Dollar ist kein großer Betrag für einen hochwertigen Dokumentarfilm von eineinhalb Stunden Dauer. Und im Übrigen habe nicht ich das Geld erhalten; es floss in die Produktionsfirma. Der Film hat letztlich 486 000 Dollar gekostet. 56 000 habe ich aus eigener Tasche bezahlt, 30 000 kamen von einem weiteren

Investor. Ich habe mit dem Film keinen Gewinn gemacht. Meiner Meinung nach ist es ein guter Film geworden.
Ich habe dabei auch mit den Leuten vom FBI zusammengearbeitet. Ich sagte ihnen, ich würde gern mit ihnen über ihre Befürchtung sprechen, es gebe eine Vereinbarung auf Gegenseitigkeit zwischen der irakischen Regierung und Shakir Alkafajii: Wenn er meinen Film unterstützen würde, bekäme er irgendeine Art von Vergünstigung. Ich sagte dem FBI, falls sie herausfinden sollten, dass dies der Fall sei oder dass die irakische Regierung den Film durch ihn finanzieren ließe, würde ich die Arbeit daran auf der Stelle abbrechen. Nicht nur haben sie keinerlei Hinweis gefunden, dass schmutziges Geld im Spiel war; nachdem sie den Film gesehen hatten, befanden sie ihn sogar für ziemlich gut.
Die Anschuldigung, ich sei ein irakischer Agent, ist Blödsinn. Ich habe zwölf Jahre lang die Uniform des Marineinfanteriekorps getragen. Ich bin für mein Land in den Krieg gezogen. Ich diene heute meiner Gesellschaft. Das alles mache ich nicht aus Sympathie für das irakische Volk, sondern weil ich mein Land liebe.

Quellennachweis

Das Zitat von Richard Perle über die politischen Kosten, die George W. Bush entstehen, wenn er sich nicht auf einen Krieg gegen den Irak einlässt, stammt aus dem von Jonathan Wright verfassten Artikel der Nachrichtenagentur Reuters vom 20. August 2002 mit dem Titel: »Analysis: U.S. Rhetoric on Iraq Puts Credibility on Line«.
Die Darstellung der Ereignisse im Kapitel »Der Irak im 20. Jahrhundert – ein historischer Abriss« stützt sich auf verschiedene Quellen, vor allem jedoch auf das Buch »The Fire This Time« von Ramsey Clark.
Eine Vielzahl von nicht mehr der Geheimhaltungspflicht unterliegenden Dokumenten des National Security Archive belegt die Absichten und das Engagement der USA im Nahen Osten in der Zeitspanne von 1947 bis 1991. Diese Dokumente finden sich auf der Website der George Washington University: http://www.gwu.edu/~nsarchiv/NSAEBB/NSAEBB21.
Der *New York Times*-Artikel, in dem der Regierung Reagan nachgewiesen wird, dass sie vom Einsatz chemischer Waffen auf dem Schlachtfeld durch Saddams Truppen Kenntnis hatte, stammt von Patrick E. Tyler. Er erschien am 18. August 2002 unter dem Titel: »Reagan Aided Iraq Despite Use of Gas«.
Die Beschlüsse des UN-Sicherheitsrats, Resolution 660 (Verurteilung des Irak), Resolution 661 (Verhängung

von Sanktionen) und Resolution 687 (Einrichtung von UNSCOM-Waffeninspektionsteams) sowie das »Memorandum of Understanding«, das die Modalitäten für die Inspektion sensibler Einrichtungen regelt, sind vollständig auf der Website der Vereinten Nationen veröffentlicht: http://www.un.org.

Dank

Dieses Buch hätte ohne die hilfsbereite und zuvorkommende Mitarbeit von Scott Ritter nicht geschrieben werden können. Trotz seines außerordentlich vollen Terminplans nahm er sich für unsere Gespräche viele Stunden Zeit, und dafür kann ich ihm nicht genug danken.

Sunny Miller vom Traprock Peace Center ermöglichte mir den Kontakt zu Scott Ritter, wofür ich ihr immer dankbar sein werde.

Dieses Buch gäbe es auch nicht ohne Beau Friedlander von Context Books, der mir die Idee dazu gab. Sein Enthusiasmus und sein Engagement haben dieses Projekt erst möglich gemacht. Beau Friedlander wäre nicht Beau Friedlander ohne die freundliche und hilfsbereite Unterstützung durch seine »rechte Hand«, Trevor Bundy.

Folgenden Menschen, die mir mit wichtigen Recherchen halfen, möchte ich ebenfalls danken: Gloria Lalumia von BuzzFlash.com, Ben Ogden, G. Alain Chamot, Alex Baldwin, David Combs, Bill Warner und James Gauuan – sie alle haben zu diesem Buch beigetragen. Große Unterstützung erhielt ich auch von Mitgliedern der Foren The American Prospect und DemocraticUnderground.com, denen ich dafür meinen bescheidenen Dank ausdrücken möchte.

Sollten Sie dieses Buch von einem um den Frieden besorgten Menschen erhalten haben, danken Sie ihm in meinem Namen. Und wenn Sie selbst dieses Buch weitergeben, ist Ihnen mein Dank gewiss.